挑战智商
——100个谜案等你破

邢祯 编著

文汇出版社

图书在版编目（CIP）数据

挑战智商：100个谜案等你破／邢祯编著．－－上海：文汇出版社，2018.5
 ISBN 978-7-5496-2518-5

Ⅰ.①挑… Ⅱ.①邢… Ⅲ.①思维训练
Ⅳ.①B80

中国版本图书馆CIP数据核字(2018)第055666号

挑 战 智 商
——100个谜案等你破

作　　　者	邢　祯
责任编辑	陈今夫
装帧设计	陈益平
出 版 人	桂国强
出版发行	**文匯**出版社
	上海市威海路755号（邮政编码200041）
经　　　销	全国新华书店
印刷装订	江苏省启东市人民印刷有限公司
版　　　次	2018年5月第1版
印　　　次	2018年5月第1次印刷
开　　　本	850×1168　1/32
字　　　数	90千
印　　　张	8.25
书　　　号	ISBN 978-7-5496-2518-5
定　　　价	23.00元

目录

一、观察力测试

案例 1　　识破伪装／ 2

案例 2　　难以找到的凶器／ 4

案例 3　　高楼饭店的凶杀案／ 6

案例 4　　寻找物证／ 8

案例 5　　妻子上吊自杀／ 9

案例 6　　凶手是谁／ 10

案例 7　　杀人时的雪夜／ 12

案例 8　　S 湖的悲剧／ 14

案例 9　　巧妙的逃匿／ 16

案例 10　　女模特之死／ 18

案例 11　　密室饿尸／ 20

案例 12　　寻找珍贵邮票／ 22

案例 13　　奇怪的指纹／ 24

案例 14　　偷牛事件／ 26

案例 1—14 答案／ 28

二、知识力测试

案例 15　狮子的微笑／34
案例 16　识破伪证／36
案例 17　雪夜的行踪／38
案例 18　海上追踪／40
案例 19　奇异血型／41
案例 20　报假案／42
案例 21　池塘里的钞票／44
案例 22　停电时的行踪／46
案例 23　花花公子之死／48
案例 24　牛仔之死／50
案例 25　用心良苦的自杀／52
案例 26　追捕逃犯／54
案例 15—26 答案／55

三、想象力测试

案例 27　空姐被杀／62
案例 28　吸血鬼／64
案例 29　自行车失窃／66
案例 30　残酷的凶手／68
案例 31　冰威士忌苏打酒的奥秘／70
案例 32　钥匙洞里的女人／72
案例 33　四度空间／74

案例 34　密室里的毒杀案／76
案例 35　消失的 13 号门牌／78
案例 36　谜样的窃听装置／80
案例 37　滑雪场谋杀案／82
案例 38　消失的钻石／84
案例 39　意想不到的杀人事件／86
案例 27—39 答案／88

四、注意力测试

案例 40　只有猫知道／94
案例 41　谁先进去／96
案例 42　画图的女明星／98
案例 43　没有指纹的女人／100
案例 44　奇妙的记忆法／102
案例 45　加热过的尸体／104
案例 46　染血的沙滩／105
案例 47　无影怪盗／108
案例 48　百密一疏／110
案例 49　奇怪的伤口／112
案例 50　女浴室谋杀案／114
案例 40—50 答案／116

五、分析力测试

案例 51　死者在打电话？／122

案例 52　不幸的野餐／124
案例 53　股票经纪人之死／126
案例 54　桑拿浴室凶杀案／128
案例 55　巧妙的密室圈套／130
案例 56　劫机／132
案例 57　火焰中的尸体／134
案例 58　女学生失踪事件／136
案例 59　没有线索／138
案例 60　把老虎偷出来／140
案例 61　不可思议的凶器／142
案例 62　无影的凶手／144
案例 63　绑架嫌疑犯的真面目／146
案例 64　空白遗书／148
案例 51—64 答案／150

六、鉴别力测试

案例 65　漂亮的女间谍／158
案例 66　看不见的证据／160
案例 67　谁是罪犯／162
案例 68　四发子弹的弹痕／164
案例 69　不在场证明／166
案例 70　消失的遗产／168
案例 71　树下的尸体／170
案例 72　伪装的不在场证明／172

案例 73　签名之谜／174
案例 65—73 答案／176

七、解读力测试

案例 74　犯罪时间之谜／180
案例 75　财宝藏在何处／182
案例 76　奇怪的字母／184
案例 74—76 答案／186

八、判断力测试

案例 77　细心的女侦探／190
案例 78　夕阳告诉我／192
案例 79　偶然的一致／194
案例 80　小心谨慎的继母／196
案例 81　奇异的谋杀／198
案例 82　搭乘火车的尸体／200
案例 83　古屋幽灵／202
案例 77—83 答案／204

九、推理力测试

案例 84　谁枪杀了侦探／210
案例 85　赎金不翼而飞／212
案例 86　机密在谁手上／214
案例 87　被谋杀的女教师／216

案例 88　青铜魔人之塔／218

案例 89　奇异的足迹／220

案例 90　龙渊之谜／222

案例 91　"无影女"之谜／224

案例 92　教授之死／226

案例 93　蓝色列车之谜／228

案例 94　死亡预告／230

案例 95　亚瑟王椅子之谜／232

案例 96　献给死者的月见草／234

案例 97　密室毒杀圈套／236

案例 98　应召女郎之死／238

案例 99　保龄球谋杀案／240

案例 100　被识破的诡计／242

案例 84—100 答案／244

观察力测试

案例1 识破伪装

某电影女明星因报界大肆宣扬她的丑闻,某天清晨被发现死在自己的房间里。看上去好像是自杀的,即用手枪朝自己右边的太阳穴开了一枪。在她床边梳妆台的镜子上还留有她用口红写的遗言:"我痛恨大众传播界。"

但是,经验丰富的刑事科警长看了现场后,马上断定说:

"这不是自杀,是他杀后伪装自杀。"

下面就是现场拍摄的照片,请你仔细观察一下,想一想警长究竟看出了什么破绽?

案例2 难以找到的凶器

某个春天的下午,在 F 伯爵府邸的二楼客厅里,潜入的凶手趁小姐正在午睡之际,用尖锐的凶器刺进小姐的咽喉,行凶之后正准备逃离,正好管家进来,当场抓获了凶手。

但警方仔细搜查凶手,始终没有找到凶器。不仅如此,连整个府邸都找遍了,还是找不到任何可能成为凶器的东西。

有人怀疑凶手将凶器扔到了窗外的花园里,于是又在房子四周搜查,但管花园的花匠证实房子所有的窗户未曾被人打开过。那么,凶手到底是用什么凶器刺死小姐的呢?凶器又藏在哪里呢?

这时正好有一个名侦探从报纸上看到了这件凶杀案,他从报纸上登出的现场照片便立刻判断出凶器在哪里。

"凶器就在你们眼前,而你们还在到处找凶器。"他对警察说。

这个名侦探到底有什么惊人的发现呢?

案例 3　高楼饭店的凶杀案

某日深夜,纽约饭店顶楼 906 房一位女明星被杀。她胸部中了一枪,当场死亡。尸首旁有一把装了消音器的手枪。

房门已经上了锁,钥匙插在锁孔中。窗子关着,但没有上锁。窗外有 15 厘米间隔的铁栅,人是不可能从这里进出的。

窗户离地面 30 米。

凶手究竟如何行凶,又从容离开此地的呢?

案例4　寻找物证

这里是某起凶杀案的现场。①是凶手所射出的子弹的弹痕；②是凶手的指纹；③是将凶手遗留的东西作为物证所拍的照片。希望在图中的房间里，发现这三部分是在哪些角落。动作尽量快。如果能在30秒内找出来，你就合格了。

案例 5　妻子上吊自杀

有个男子因有婚外恋而杀死了自己的妻子,并且将妻子伪装成上吊自杀的样子。

他将妻子的尸体悬挂起来,脚离地面 40 厘米,在她脚下又放上一只横倒在地的凳子。凳子高 45 厘米。

第二天尸体被发现,闻讯赶到的刑事科警长仔细检查了死者上吊用的凳子之后,断然地说:"这不是自杀,而是他杀。"

警长是根据什么下此判断的?

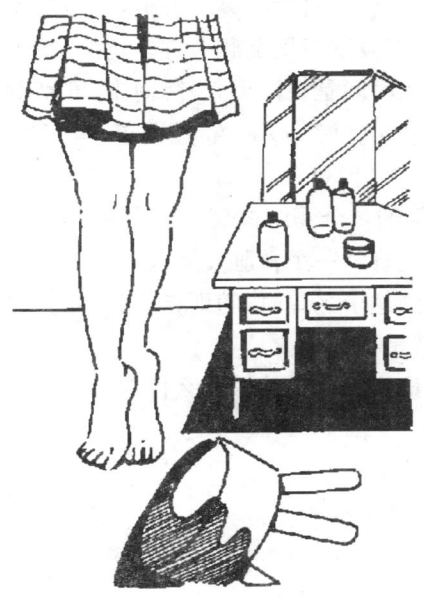

案例6 凶手是谁

一个放高利贷的病人,有一天清晨在医院的病床上被人用水果刀刺死。

水果刀被丢弃在医院的花园里,刀柄上没有凶手的指纹,因为凶手在行凶时用布裹着刀柄,但是在水果刀被发现时,细心的侦探发现刀柄上爬着许多蚂蚁。

由于行凶时间是在清晨,医院尚未开门,所以警方认为凶手很可能也是住院病人。经过调查,有三个病人嫌疑最大,他们是:

5号病房的一个肠结核病人、7号病房的一个糖尿病患者以及9号病房的一个肾脏炎病人。

侦探看到这份名单时,随即指着其中的一个说:

"凶手就是这个病人。"

究竟是谁?为什么侦探这么肯定?

案例7 杀人时的雪夜

一个冬夜,一位年轻的寡妇在郊外自己的寓所内被害。她全身一丝不挂,是被人勒死的。

发现尸体的是住在100米以外的单身画家。他在下午9点到寡妇家去借用电锯,结果发现她已经死了。于是,就在被害者家中用电话报了警。

根据验尸官报告,死亡时间大约在下午7点左右。

当天,从早上便一直下雪,直到下午6点才停。积雪的厚度大约为30厘米。

但是,令人感到奇怪的是,雪地上只有画家走来的足迹,并没有其他脚印。房内也没有找到可疑的人。

凶犯是用什么方法进入室内杀死寡妇的呢?

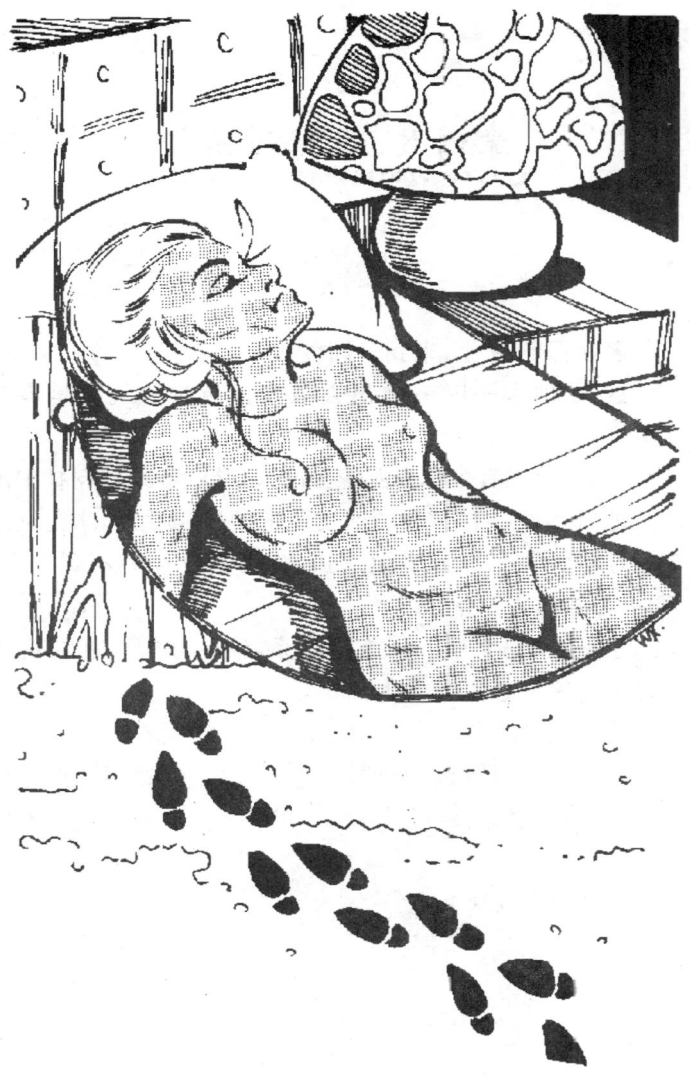

案例8 S湖的悲剧

名侦探N先生,来到S湖度假。

这天,他和平时一样出去散步。当时的气温是零下5度。

这时,突然有个浑身湿漉漉的人,喘吁吁地从树林中出现。他对N先生说:"我的朋友跳进湖里,凝结的冰突然破裂了,我吓了一跳,跟着跳了进去,可是已经见不到人影。请你快来,叫人来帮忙。"

于是,N先生马上和旅馆联系,请驻守警员和村民来帮忙。大家一起朝出事地点走去。

他们走了1公里半路,看到了冰上的裂洞。

N先生把视线转移到那人身上,说:"虽然不知道是何理由,但是,你就是那位杀害朋友的罪人。你以为我看不出你的破绽吗?"

破绽究竟在哪儿呢?

案例9　巧妙的逃匿

在伦敦郊外有一幢古老的日本式房子。

有一天,房子的管理员被杀。奇怪的是,房子的门窗都是从里面紧锁着的。那么凶手在杀死了管理员之后又是从哪里逃走的呢?

侦办这一案子的名侦探查看了这幢日本式房子之后便说:

"凶手是利用日本式房子的特点巧妙地逃走的。"

名侦探究竟发现了什么奥妙?

案例10 女模特之死

星期一的中午,人们发现著名时装模特儿S小姐在自己家的浴室里被害。她是在沐浴时被人用可乐瓶敲打头部致死的。据法医推断,死亡时间大约在当天上午7点左右。

邻居证实,当天早晨曾听到了S小姐和人争吵的声音,但却无法断定那人是男是女。

高明的警探只看了一下现场就知道了那人的性别。

他是怎么知道的呢?

案例11 密室饿尸

某英国男爵性格怪僻,特别喜爱印度的瑜伽术。为此,他买下一所练身房,经常和四个印度人一起在里面练瑜伽术。

出人意料的是,有一天男爵竟被发现饿死在练身房里。

事情是这样的,两星期前,男爵单独进入练身房做瑜伽修行,为了不受外界干扰,他把门窗都从里面上了锁。由于瑜伽修行需要好多天时间,所以事先在练身房内已准备了充足的食物和水。

但是,两星期后,他仍未出来。四个印度人便向警方报告。警察赶来,撬开紧锁的门,这才发现男爵已直挺挺地饿死在床上。奇怪的是,旁边准备好的食物和水几乎都没有动过。

练身房的门窗从里面上了锁,任何人都无法进去,天花板离地面有15米高,床的正上方有一个方形的采光窗,窗上有铁栏杆,所以外面的人即使把窗上的玻璃卸掉,人也不可能钻进去,可以说,这间练身房几乎是一间与外界隔绝的密室。

那么,男爵为什么会饿死呢?当地警察查来查去查不出所以然,只好不了了之,认为男爵是绝食身亡。

男爵夫人对警方的这一结论大为不满,于是便请来了一个名侦探。

名侦探立即前往练身房做现场调查,结果发现,男爵躺着的那张床有在近期内被移动过的痕迹。

"夫人,"名侦探问,"请问男爵是否有恐高症?"

"是的,他只要站到高处,就会恐惧得双腿打颤,眼睛发直。"

"哦,既然如此,男爵不幸身亡的悬案也就可以了结了。"

名侦探说完,立即通知警方逮捕那四个印度人。

原来男爵的死,竟是这四个印度人为了谋财所下的毒手。

他们到底用什么方法将男爵活活饿死的呢?

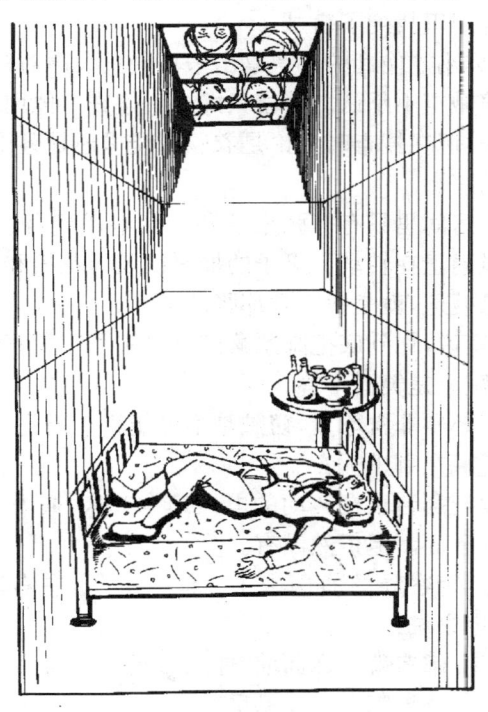

案例 12　寻找珍贵邮票

在邮票展览会上,有一张价值40万元的珍贵邮票被窃。

窃贼在行窃时即被人发现,但他带着那张邮票冲出会场,逃进了一幢大楼。不一会儿,警察赶来,并在这幢大楼的一个房间里找到了窃贼。

"把你刚才偷到的邮票拿出来!"警察大声对窃贼说。

但窃贼拒不承认。警察只好动手搜查。他用手铐把窃贼铐起来,但在搜查时无论是衣服口袋里还是鞋子里,都没有邮票的踪影。

整个房间里只有一张桌子和一台电风扇,没有其他家具。电风扇正在转动。桌子的抽屉以及天花板和地板的缝隙也都已搜遍,就是找不到那张邮票。

"老实说,你到底把邮票藏到哪里去了?"警察恼怒地问窃贼,窃贼只是笑而不答。

那张邮票非常珍贵,窃贼是不可能将它扔到窗外去的。但他究竟藏在哪里呢?

警察把那台正在转动的电风扇拿起来,看看是不是藏在电风扇下面。但仍然没有。

这时,警察局的侦探来了。他一进门,左右环视了一下,便对警察说:

"先生,邮票就在你面前,你怎么还没看到?"

窃贼究竟把邮票藏在哪里?

案例 13　奇怪的指纹

某楼的 305 室发生了一起盗窃案,住户放在梳妆台上的一枚钻石戒指被偷走了。

警方仔细勘察了现场,在梳妆台上采到了一枚嫌犯的指纹。警方推断,应该是这一栋楼里的人偷了钻戒,于是他们采集了这栋楼里所有住户的指纹,一一进行比照。奇怪的是,没有一个人的指纹和犯罪现场留下的一样。

这时,有一位刑警看了一下门卫室,突然发现了一件事。他说:"我知道谁是嫌犯了,因为我忘了采集他的指纹。"

这个被遗漏的盗贼究竟是谁呢?

案例 14　偷牛事件

一年前,有一户农民被偷走了两头小牛。这个案子当时并未侦破,一年后才水落石出。

嫌犯养了 6 头牛,其中有两头是偷来的。问题是这两头小牛已经长大,而且和其他牛一样,它们也是黑色的,又没有什么烙印,外表上是看不出来的。

可是那位农民却从 6 头牛中轻而易举地找出了属于自己的牛。

他究竟是用了什么方法呢?

案例1—14答案

案例1　问题在于死者两手的位置

因为经验丰富的警长发现死者两手放在毯子下面,所以断定是他杀。

如果真是自杀,一手扣动扳机之后就不可能再放回到毯子下面,因为子弹射入太阳穴,人马上就会死去。

案例2　凶器就是大挂钟上的长针

杀人的凶器就是客厅里大挂钟上的长针。钢制的长针,前端尖锐,完全可以充当凶器。凶手用长针刺死小姐后,擦掉针上的血迹,挂回墙上。正要离开时,不巧被管家发现,被当场抓获。

要取钟上长针,如身高不够,只要取客厅里的椅子垫脚即可。

名侦探在解开这件杀人谜案之后说:

"有一种游戏,就是在地图上找地名。初玩这种游戏的人总倾向于找字体最小、最不醒目的地名,想以此难倒对手。相反,内行的人却会挑地图上字体最大的地名让对手寻找,因为一般人总是疏忽近在眼前的事物。同样,这件凶杀案如果不从精神或者心理的盲点着眼的话,很可能就会成为一宗永远破不了的悬案了。"

案例3　从窗外射杀是一件简单的事

凶器在尸体旁,乍看会误以为是室内行凶。但实际上却是从窗外射击的。凶手打开窗户,把被害者枪杀后,再将手枪扔进屋内。然后关上窗子,伪装成室内行凶的假现场。

还有一点至关重要,就是凶手是先跑到顶楼,用绳子绑住自己的身体,吊在窗口行凶的。旁人看来,窗口离地面30米,攀爬的可能几乎没有,但从顶楼下到窗口却只不过2至3米的距离,很容易达到目的。

案例4　物证在此

凶手所射出的子弹的弹痕在挂在墙上的椭圆形镜子的右边;凶手的指纹留在写字台前面边缘的地方;凶手遗留的东西是写字台上烟灰缸旁的打火机。

案例5　凳子上没有死者留下的脚印

因为凳子作为上吊用的垫脚物,上面必会留下死者的脚印,而作案的丈夫恰恰疏忽了这一点。

案例 6　凶手是 7 号病房的糖尿病患者

凶手在行凶时会因紧张而手掌出汗,而糖尿病人既比正常人容易出汗,汗液中还含有糖分。

凶手用布裹住刀柄,这样固然无法得到他的指纹,但是他行凶时手掌所出的汗却渗入布里。当他把刀丢弃在花园里后,刀柄便招来了蚂蚁,因为他的汗液里有糖分,而蚂蚁对糖最为敏感。

案例 7　死者是被杀以后才运进来的

雪地上只有一行足迹,但这足迹却很深。画家的体重看起来顶多只有 55 至 56 公斤,不可能踩出这样深的足迹。他一定是背负了重物而来的,而这重物不是别的,正是寡妇的尸体。

寡妇与画家早就有非同一般的关系。她在昨晚或今晨来到画家那里,和他发生争执,在下午 7 点左右被勒死。

画家在下午 9 点把尸首搬运到寡妇家,并脱掉她的衣服,伪造了一个在家中遇害的假现场。所以只有一个人的足迹。

案例 8　这个人身上仍在滴水

当时的气温是零下 5 度,而现场离旅馆有 1 公里半之远,那个声称为救朋友而跳进湖里的人,在这种气温下走了这么多路,照常理来说,裤子早应该结冰了,而他却是全身湿漉漉的。这说明他只是在旅馆附近才故意弄湿自己,以掩饰自己谋害朋友的罪行。

案例 9　凶手是从榻榻米下面逃走的

古老的日本式房子里的榻榻米是用木板铺成的,而且木板和地面之间有一定的距离。凶手杀了人之后,故意将门窗从里面紧锁,然后掀开一块榻榻米上的木板,小心翼翼地钻到房子下面,然后使木板恢复原状,自己则从房子下面钻出,逃走。

案例 10　只要注意马桶盖即可得知

浴室角落里的抽水马桶,其盖子是翻起来的。上厕所时,会把马桶盖翻起来的,当然是男性。所以,那个杀人嫌疑犯是个男人。

案例 11　利用男爵的恐高症

夜晚趁男爵在床上熟睡之际,四个印度人爬上练身房的屋顶,卸下采光窗的玻璃,从铁栏杆之间放下四根头上系着钩子的绳子,分别钩住床的四脚,然后把床连同睡在床上的男爵高高吊起。

男爵惊醒,发现自己已被高高地吊着,由于恐高症,他恐惧得连呼叫的力气也没有了。他既不肯跳,又拿不到就在床下面的食物,于是便被活活饿死了。

四个印度人等到男爵饿得不能动弹之际,便又爬上屋顶,放松绳子,轻轻地将床恢复原位。再等几天,他们估计男爵肯定已经饿死,便去警察局报案。

但是,他们万万没有想到,被吊起过的床再放回去时,床脚的位置和原来的总有些差异,而就是这一破绽成了名侦探破案的重要线索。

案例 12　贴在电风扇的扇叶上

窃贼一进房间就把邮票用胶纸贴在风扇的扇叶上,然后开启电风扇。由于扇叶高速转动,用眼睛是看不见贴在上面的邮票的。

警察在搜查时由于没有注意到这一点,所以再怎么搜查也是查不出来的。只要关掉电风扇,邮票便展现在他的眼前。

案例 13　猴子

盗贼就是门卫饲养的猴子。

因为除了人之外,只有猴子是有指纹的动物。

案例 14　根据鼻纹

牛的鼻子上有纹路,叫做鼻纹。牛的鼻纹就像人的指纹一样,是各不相同而且终身不变的。

农民在小牛出生的时候留下了鼻纹,后来他就是利用鼻纹,在嫌犯的 6 头牛中找出了自己的牛。

二

知识力测试

案例15　狮子的微笑

马戏团的女驯兽师在演出时被狮子咬碎了头颅。

这只狮子已经和女驯兽师合作过无数次,每次女驯兽师在表演时把头伸进它的嘴里时,它都很配合,而且训练有素,从不弄伤女驯兽师。

只是这一天,当女驯兽师把头伸进狮子嘴里时,狮子做出一个仿佛是微笑的表情,随后便一口咬碎了她的头。

在表演前,狮子已吃过许多肉,所以不可能是因为饥饿。当然,这只狮子也不可能是在发情期内,因为马戏团是不会让处于发情期内的猛兽上台表演的。

那么,会不会是一时兽性发作呢?

奇怪的是狮子在咬死女驯兽师前的微笑表情,这是怎么回事呢?

案例 16　识破伪证

一个冬天的晚上,温泉旅馆的大浴室里有个客人被人用手枪从背后开枪打死。

现场还有另外一个人,当刑事警察赶到现场调查案情时,这个人作证说:

"当时我正在洗头,听到开门声,随后就听到了枪声。因为我正在洗头,没能看清楚凶手的脸,但我看到那是个戴着墨镜又用毛巾蒙住脸的人。他开枪行凶之后转身就逃走了。"

警长听完之后,马上就对这个人说:

"你在说谎,而且说得一点也不漂亮。事实上你很可能就是凶手!"

警长为什么说得这样肯定?

案例 17 雪夜的行踪

在一个寒冷的雪夜,有个小偷潜入乡公所偷走了保险箱里的现款。

那天是当年第一次下雪,积雪达 30 厘米。第二天,警方开始调查失窃案,首先受到怀疑的是一个住在乡公所附近的单身男子,所以警长便到这个人家里去询问。

"昨天晚上你在哪里?"警长问这个人。

"我两天前就出门到外地去了,今天早晨刚刚到家。难道你怀疑我昨晚在行窃吗?"

可是警长只从外面看了看他的房子,就断然地对这个人说:"你在撒谎。"

为什么警长会这么说?

案例18 海上追踪

罪犯驾驶着快艇向海上逃窜。警长也驾驶着快艇追击。下图是警长的快艇追上罪犯的快艇时由直升机上拍摄下来的。

警长的快艇比罪犯的快,这毫无疑问。

但是,到底哪一艘是警长的快艇?

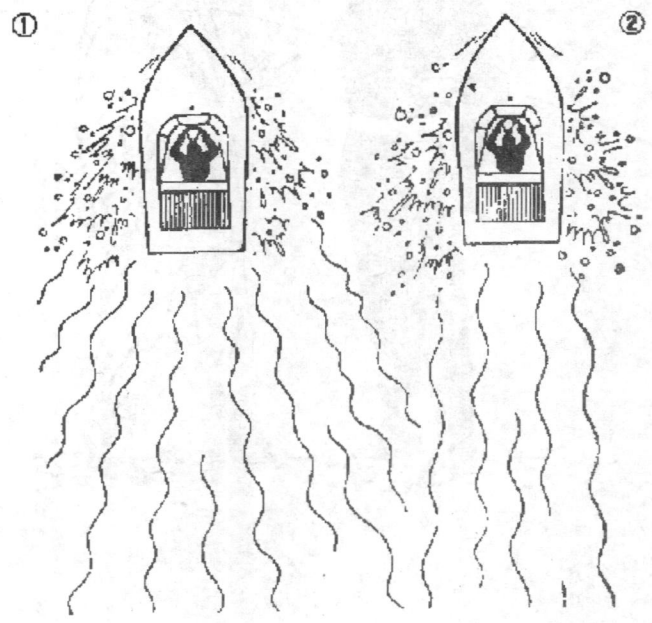

案例 19　奇异血型

有一天晚上,一个年轻女子被车撞死,肇事者已逃离现场。

警察根据现场留下的血迹获知,有两种血型的血,一种是 A 型,一种是 O 型。

难道有两个人被撞?

但是,根据目击者所说,被撞的只有一人,肇事者虽然下过车,但显然没有受伤。

你知道这究竟是怎么回事呢?

案例 20　报假案

有人到警察局报案说:

"昨天我在池塘边钓鱼,有个人想从背后拿刀杀我。我看见水面上的影子,见他拔出刀想刺我,这时幸亏我反应敏捷,顺手把钓鱼竿一甩,正好甩在那个人的脸上,他'喔哟'叫了一声,拔腿就逃跑了。"

警长听了之后,哈哈大笑,随后对这个人说:

"你这家伙说谎也不在行。要知道报假案是要负刑事责任的!"

为什么警长不相信这个人的话?

案例 21　池塘里的钞票

抢劫银行的歹徒迫于警察追捕,想把刚抢到手的钞票藏匿起来。他把钞票放进一只皮箱,装得满满的,然后上好锁,扔进了一个小池塘。池塘里水很深,皮箱沉在水底根本不会被发现。歹徒想等事情过去之后再来打捞皮箱。

但是,在他把皮箱扔进池塘后两小时,他即听到电台广播说,银行被抢的钞票已被警方查获。

歹徒白干了一场,但他百思不得其解:他一个人偷偷干的事情,警方怎么会这么快就发现了?

案例 22　停电时的行踪

"上星期天晚上9点,你在哪里?"警长问一个嫌疑犯。

"我在我哥哥家里。"嫌疑犯回答。

"可是,有人到你哥哥家去过,按了半天门铃,里面根本就没有人应。"警长说。

"是的,那天因为烤面包器短路,保险丝烧了,一时没能修复,所以没电。哥哥出去了,屋里只有我一个人。由于没电,我很早就睡了。没有电,门铃也不响,所以外面有人按门铃我一点不知。"

可是警长马上就说:"你在撒谎!"

为什么?

案例23 花花公子之死

　　南美的富豪,亦即世界闻名的花花公子G先生,某日被发现陈尸于佛罗里达州的一栋豪华别墅内。

　　他可能是与众多情侣中的某一个发生了争吵,被对方用白兰地酒瓶打破了头而死的。

　　尸体旁边,有一枚价值昂贵的钻石戒指,可能是他的情侣一气之下丢还给他的吧。

　　有两名嫌疑犯,一个是4月出生的服装模特儿,一个是7月出生的电影明星。

　　她们中谁是凶手?

案例 24　牛仔之死

这是发生在美国拓荒时期的一件奇怪的谋杀案。

某个夏天的黄昏,火红的太阳正渐渐地西沉,侦探亚伯纳驱马经过弗吉尼亚荒原,半途中发现有一个牛仔被绑在一棵柏树上,已经死了。

死者的嘴巴被布条绑着,脖子上绕了三圈牛皮绳索,显然是被绳索勒死的。

亚伯纳解开绳索,将尸体放在马上,驮到了镇上并立刻向警长报了案。

验尸的结果表明,死亡时间是在当天下午 4 点左右。

第二天,警长逮捕了一个重大嫌疑犯。但是经过调查,此人有足够的证据证明他昨天从中午一直到黄昏从未离开过小镇。

嫌疑犯既然有确凿的不在场证明,警长便不得不释放他。但凶手到底是谁呢?警长为此犹豫不决。

这时,亚伯纳若有所悟,他大声对警长说:"凶手就是这个人!警长,再逮捕他!"原来,亚伯纳已识破了凶手所施的诡计。

凶手究竟是怎样杀了人又想逃脱罪责的呢?

案例 25 用心良苦的自杀

在布朗神父的教区里有个名叫吉姆的农夫,因爱妻亡故而寂寞孤单,于是便想自杀。但是基督教禁止自杀,凡自杀的教徒不得埋葬在教堂的墓地里。吉姆为了和已经葬在教堂墓地里的爱妻同眠于地下,便设法将自杀伪装成他杀。在爱妻去世一周年的那一天,吉姆用小手枪射穿了自己的头,但在他的尸体旁边并没有自杀用的小手枪。

后来,人们在离吉姆尸体 10 米外的羊圈里找到了那把小手枪。警方根据一般规则推断,吉姆若是自杀,手枪必在尸体旁边,而现在击毙吉姆的小手枪在 10 米外的羊圈里,这是死者本人所无法做到的,所以认定是他杀。

但是名侦探布朗神父却一眼看穿了事实真相。只是,他并没有把真相告诉警方。他私下里对朋友说:

"吉姆以为他骗过了所有的人,可是他没能骗过我。只是我看在他用心良苦的份上,不想把真相点穿。让他们夫妇葬在一起,在天国里好好安息吧!阿门!"

吉姆既然是自杀,为什么自杀用的手枪会在 10 米外的羊圈里呢?布朗神父究竟识破了吉姆怎样的计谋?

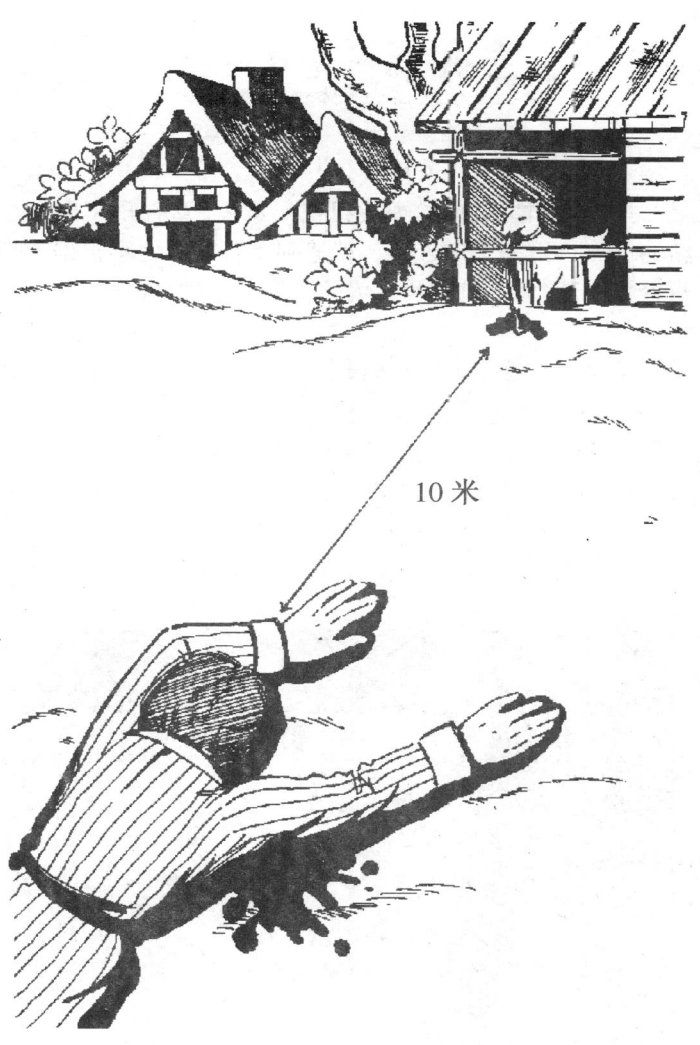

案例 26　追捕逃犯

抢劫芝加哥银行的嫌疑犯在作案后,驾着轿车向东往纽约逃窜,可是一进入市区,就遇到了警察。警察根据芝加哥警方的紧急联络情报,认为此人嫌疑很大,但是如何才能识破他呢?

警察拦住这个人的车,很自然地问:

"现在几点了?"

此人看了看手表回答说:

"10点半。"

警察马上将此人逮捕。

为什么?

案例 15—26 答案

案例 15　其实狮子是在打喷嚏
这是一宗巧妙地利用狮子杀人的案件。

凶手事先暗中把一种刺激性很强的药物喷在女驯兽师的头发上,当女驯兽师在台上把头伸入狮子口中时,狮子因药物的刺激而打了个喷嚏。由于狮子的力气太大,嘴一张一合,无意间便咬碎了女驯兽师的头颅。

至于狮子在咬死女驯兽师前的微笑,实际上是它想打喷嚏的表情。

案例 16　墨镜一模糊,就什么也看不见了
这个证人说"凶手戴着墨镜",从这一细节就可知道他完全是在说谎。因为在寒冷的冬天,如果凶手戴着墨镜进入浴室,浴室里的蒸气一下子会在墨镜的镜片上蒙上一层雾,这样凶手将很难看清楚被害者,所以绝对不可能一枪就击中对方。

案例 17　屋檐上的冰柱就是证据
警长是看到了屋檐上挂着的长冰柱才断定这个人是在撒谎。

昨天夜里才下的雪,第二天早上屋檐上就有了冰柱,那说明昨天夜里有人在屋里使用电暖炉取暖。这个人是单身汉,除了他还有谁会在他屋里使用电暖炉呢?

所以,警长断定这个人昨天夜里一定在家,他说两天前

就出门到外地去之类的话完全是撒谎。

案例 18　右边的一艘才是警长的快艇
船在航行时,船后的波浪会向左右扩大,波浪扩大的角度越小,船的速度越快。如图,左边的一艘快艇后面波浪角度极大,右边的一艘则很小,所以右边的一艘是警长驾驶的。

案例 19　她有两种血型
受害者的血型是 A 和 O。

一个人有两种血型,这是遗传学上的罕见特例。

在双胞胎中,其中的一个很可能会有两种血型。这在遗传学上叫作血型的交移现象。

案例 20　背后的人是不可能映照到水面上的
"……有个人想从背后拿刀杀我。我看见水面上的影子……"其实,只有比他更接近水面的人的影子才会被他看见,背后的人的影子是不可能照在水面上的。从这一不真实的细节,警长就断定这个人是在胡说八道。

案例 21　钞票吸水后会膨胀
歹徒将抢来的钞票塞进皮箱,塞得满满的,扔进池塘后,水便开始渗入皮箱,因为皮箱并不完全防水。皮箱里的钞票浸到水,便开始膨胀。这种膨胀力足以胀破皮箱。于是,不少钞票便从胀破的皮箱里浮到了水面上。经过池塘的行人发现水面上浮着许多钞票,便马上报警。警察赶来,连同水底尚留在皮箱里的钞票便一起打捞上来。

案例 22　停电不会影响门铃

门铃都是用干电池的,所以即使停电,门铃也会响。嫌疑犯说是因为停电,门铃不响,他才没有来开门显然是由于不知其情而胡诌出来的。

案例 23　服装模特儿是凶手

G 先生追求女人时喜欢送给对方镶嵌诞生石的戒指。4 月的诞生石是钻石,留在现场的那枚钻石戒指正好指明杀人凶手是 4 月出生的服装模特儿。

如果当场行凶的是 7 月出生的电影明星的话,那么留在现场的就会是红宝石戒指。因为 7 月的诞生石是红宝石。

案例 24　利用生牛皮的特殊性质

凶手利用浸过水的生牛皮作案，因为浸过水的生牛皮在干燥过程中会收缩。

凶手那天上午即把被害者绑在树上，在他的脖子上绕上三圈浸过水的生牛皮带，绕得相当紧，但不会立即将受害者勒死。这样做完之后，凶手便马上离开现场回到镇上，而且整个下午故意和别人在一起。

至于受害者，他被绑在树上，脖子上勒着浸过水的生牛皮带，但没有死。随着时间的过去，生牛皮带在阳光下渐渐地干了，而且越干越收缩，受害者的脖子也就被勒得越来越紧。由于是在荒野里，四处无人，无论受害者怎样挣扎和喊叫都是无用的，所以到了下午 4 点钟左右，生牛皮带已完全干燥，受害者也就被活活地勒死了。

案例 25　利用羊的嗜好

吉姆在自杀前先准备好一条长纸带。他将纸带的一端系在自杀用的手枪柄上，然后走到羊圈旁，将纸带的另一端让羊含在嘴里。接着，他便后退到离羊圈 10 米外的地方，举枪自杀。枪响后立即死去，手枪当然就掉落在尸体旁边。但是，羊有吃纸的嗜好，它不断地将含在嘴里的纸带往肚里吞，系在纸带另一端的手枪也就被拉进了羊圈。

吉姆想得很周到，为了防止羊吃到一半就不吃了，他从上午开始就不给羊喂食。

案例 26　芝加哥和纽约有 1 小时时差

当警察询问嫌疑犯时,纽约时间是 11 点半,而嫌疑犯的回答是 10 点半,所以警察当即断定此人是从芝加哥驾车来的,加上其他疑点,警察便马上逮捕了他。

三

想象力测试

案例 27 空姐被杀

一天晚上，住在某旅馆的一个漂亮的空姐在她自己的卧室里被人枪杀。

凶手是从距离 30 米的对面屋顶用无声手枪射中她的。

房间的玻璃窗是关着的，窗上有一个弹洞。从这一迹象看，凶手只开了一枪。但奇怪的是，被害者的胸部和腿部都中弹——大腿已被子弹射穿，胸部留有子弹。这样看来，凶手好像开了两枪。

如果凶手开了两枪，那么另一颗子弹是从哪里射入被害者的房间的呢？

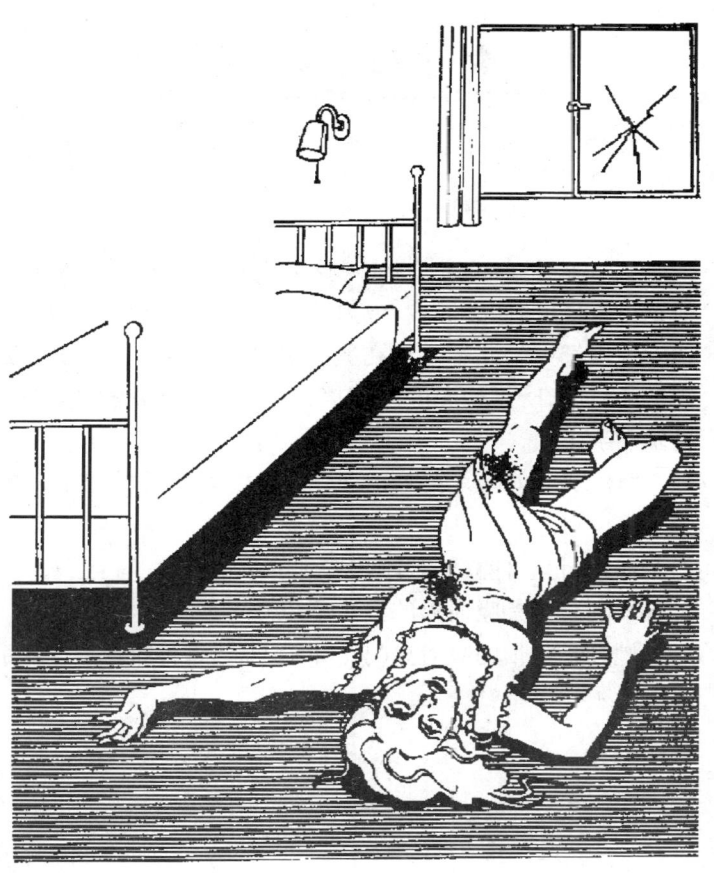

案例 28 吸血鬼

某个夏日,一个樵夫在树林里突然听到孩子的哭声。他觉得奇怪,便四处寻找,想知道究竟发生了什么事。结果他发现农场主的儿子吉米在哭,他的年轻的继母正用嘴在咬他的肩膀,听到樵夫的脚步声,这女人抬起头来,樵夫看见她满嘴是血。

"什么?这女人是吸血鬼!"樵夫又惊又怕,转身逃走了。

回到村里,他立刻把刚才看到的事情告诉了村里人,于是吉米的继母是吸血鬼的说法便传开了。

她真是可怕的吸血鬼吗?如果不是,请你推测一下,当时发生了什么事?

案例 29　自行车失窃

　　某人骑着一辆自行车路过一个公共厕所,他停下来,用环形锁锁好自行车的前轮便进了厕所。

　　周围只有几个男孩在玩。

　　几分钟后,此人从厕所出来,发现自行车不见了。他肯定是那几个男孩中的某一个偷走了自行车。于是他四处寻找,最后在几里路外的地方终于找到了自行车,可是令人奇怪的是,自行车前轮上的环形锁依然锁着。

　　那男孩显然不可能把自行车扛到那么远的地方。

　　那么,他究竟用什么办法擅自借用他人的自行车兜了一大圈呢?

案例 30 残酷的凶手

　　有个守财奴在一天夜里被人用枪打死在家里的保险箱旁边,保险箱里的钱已被抢得一干二净。

　　死者胸部中两弹,这足以致人死命,但令人奇怪的是,凶手还用刀残酷地剖开了死者的胃。

　　难道凶手对死者还有深仇大恨?不这样不足以泄恨?但根据一般情况,即使这样,凶手大凡也是割下死者的头颅或者戳烂死者的面孔。剖开死者的胃实属罕见。

　　请你想象一下,当时可能发生了什么事?

案例31 冰威士忌苏打酒的奥秘

一天晚上,酒吧快关门时,老板的弟弟来了。老板调了一杯冰威士忌苏打酒给他弟弟。但是,弟弟不喝。原来,他们是同父异母兄弟,最近正因为遗产的继承问题闹得不可开交,弟弟怕被哥哥毒杀,所以根本不敢喝。

"我好意请你喝酒,你却怀疑我下毒?既然你怀疑,我先喝。"

哥哥说完,随即喝了半杯,然后说:"这下可以放心了吧?"

于是,把酒杯推到弟弟面前。

至此,弟弟也不便拒绝了,慢慢地喝着剩下的半杯酒。

但是,他刚喝完,竟然中毒死了。

这是怎么回事呢?

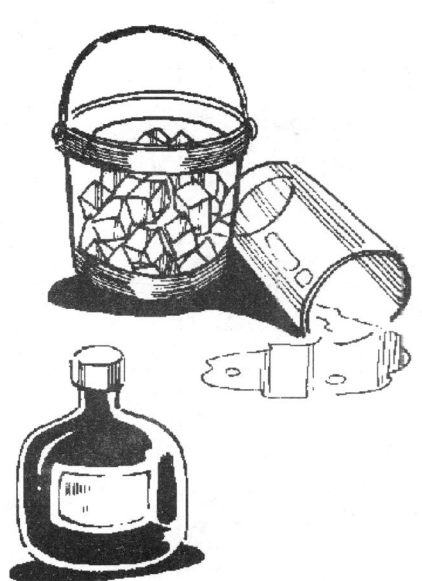

案例32 钥匙洞里的女人

一名杀手潜入一幢豪华的别墅,目的是要暗杀住在别墅的一个颇有手段的交际花。

杀手悄悄走到交际花的房门口,从钥匙洞里看见交际花正在打电话。杀手想,这倒也省事,于是便从钥匙洞里射进了一枚毒针。

毒针正好射中交际花的胸部,但奇怪的是,她一点反应也没有,依然拿着电话筒在聊天。

这究竟是为什么?

案例 33 四度空间

　　某年冬天,警方得到情报说某逃犯正藏匿于山中,于是便前去逮捕他。可惜迟了一步,逃犯已逃之夭夭。

　　在陡峭的山坡上,有滑过雪的痕迹,逃犯很可能就是滑雪逃走的。但是令人奇怪的是,滑橇留下的印迹到了一个悬崖边便消失了。悬崖有 100 多米高,即使是技术高超的滑雪健将也不可能从这样的高度跳下去而安然无恙。

　　在悬崖边,也没有任何迹象表明逃犯是用绳索滑下去的。

　　他究竟是怎样逃走的呢?

案例 34　密室里的毒杀案

一个炎热的夏日夜晚,某独身男子回到自己的住处,但在 30 分钟后便中毒而死。

死者伏在桌上,直到第二天早上才被人发现。

桌上有一瓶可乐和两个杯子,其中一个杯子里还有一些可乐,另一个则装着水。但经化验,两个杯子里都有毒。房间里因装有空调,所以门窗紧闭,几乎是一间密室,也没有迹象表明曾有人和被害者在一起过。

那么,凶手究竟是怎样下毒的呢?

案例 35 消失的 13 号门牌

伦敦街头的一个老警察,在一个冬夜里巡逻。他走进一条巷子,听到对面房子里传来一阵尖锐的叫喊声:"救命呀!杀人啦!"他急忙跑到那屋子前,按了门铃又敲门,可是却无人应门。他从信箱的投入口一看,房间内部虽然很暗,可是还能清楚地看到地板是黑白色的格子图形,室内右侧有道铺着红地毯的楼梯,楼梯下摆着一座手持花瓶的裸女塑像,旁边是一个餐具架,地面上有一具肥胖男子的尸体,胸部插着一把利刃,地板上鲜血淋漓。

警察看清了门牌是 13 号,就去叫附近站岗的警察来帮忙。警察表示怀疑说:"这条巷子根本没有 13 号。"

于是,他们叫了 12 号的门,里面住着一个老绅士和他当画家的儿子,房间内和老警察看到的全然不同。14 号住着一位退休的印度官吏,陈设全是异国情调。从 10 号到 15 号的每一家都看过,就是没有发现有尸体的那一家。

不到 10 分钟的时间,13 号房子究竟消失到那里去了呢?

案例 36 谜样的窃听装置

今夜,夏尔·史考特仍和往常一样,带了一位金发美女回家过夜。当他沐浴完毕后,即迫不及待地扑向了金发女郎。

不久,床边的电话铃响了。他被告知说,那女人是黑社会某头目的情妇,他和她在床上的声音已经录了下来,如果要想活命,最好今晚拿五千美元来换回那卷录音带。对方还给他听了一段录音,果然是他和那女人的声音。

他搜遍整个房间,没有发现窃听装置。这房间最近才装了隔音设备,外面根本不可能听见里面的声音。

他也搜查了金发女郎的手提包。但里面除了打火机、香烟与零钱之外,没有其他东西。

对方是用什么方法录下他们的声音的呢?

案例 37 滑雪场谋杀案

有个女滑雪爱好者突然尖叫一声,从升降机上掉了下来。这时,正好有个名侦探坐在她后面的第二个座位上,但因为风雪太大,没有看清楚当时的实际情况。

名侦探到达山顶后马上滑雪下去赶到陈尸的地方查看,发现被害者因胸部被利器所刺而死,但找不到凶器。

"这个女人前面坐的是谁?"名侦探问升降机管理员。

"她前面的位子是空的,但再前面的位子上坐的是一个男人。他和这个女人之间的距离约有 10 米,想来是不可能用滑雪杆刺死她的吧?"管理员回答说。

"直接用滑雪杆确实不可能刺到她,但我可以肯定,凶手就是那个男人。"名侦探胸有成竹地说。

名侦探究竟怎样识破了凶手的杀人诡计?

案例 38　消失的钻石

宏昌珠宝店的店员林慕,带着钻石珠宝盒到神园饭店的 136 套房去。顾客是一名高雅的绅士,看起来很富有。

绅士看中了一枚价值 50 万的钻戒,建议林慕把它放在他房里旅客专用的保险箱里,等他妻子回来后定夺。他自己则有事要出去。

林慕看他锁好保险箱,和他一同离开了饭店。回店等绅士妻子的电话。

直到晚上,林慕都没接到电话,便去饭店询问。饭店里的人说,绅士根本没带太太。林慕大为不安。所幸钻戒放进去后,这间房间根本没人进去过。那绅士也一直未归。于是,林慕便请求打开房去查看。保险箱仍然锁得好好的,但开门一看,钻石却不翼而飞了。

钻石是用什么办法偷走的呢?

案例39 意想不到的杀人事件

在一间古色古香的书房里,一位年老的学者靠在椅子上打盹时被人用毒箭射中而身亡。

但奇怪的是,当时门是锁着的,窗子也都紧闭着,墙上和天花板上都没有缝隙,也就是说,书房几乎是一间封闭的密室。

那么,室外的凶手究竟是怎样把毒箭射进来的呢?

案例 27—39 答案

案例 27　空姐被害时正在做睡前体操
事实上凶手只开了一枪。当时空姐正在做弯腰运动，子弹射穿了她的大腿又射入她的胸部，所以从表面上看好像是中了两枪。

案例 28　她正在采取急救措施
她当然不是吸血鬼。真实情况是，吉米和继母一起到树林里去，吉米的肩膀被毒蛇咬了一口，他的继母在当时没有其他办法的情况下只能用嘴把毒液吸出来。这是一种急救措施。

案例 29　只要把一只溜冰鞋缚在前轮上就行
那男孩趁这人进厕所之际，在他的自行车的前轮下面缚上一只溜冰鞋。这样，即使前轮锁着，自行车仍能骑，所以他把它骑到很远的地方。可是又怕骑回来会被抓住，于是便解下前轮上的溜冰鞋，扔掉自行车溜走了。

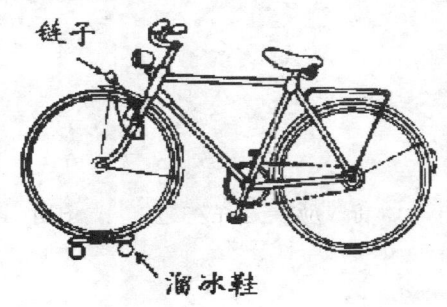

案例 30　凶手想取钥匙

事实上,凶手对死者并无仇恨,只是想抢钱而已。只是凶手在开枪打死他时,这个爱财如命的守财奴一心想到的是他的保险箱,于是便一口吞下了手里的钥匙。凶手出于无奈,只好剖开他的胃,取出钥匙,然后打开保险箱,取走全部财产。

案例 31　毒药藏在冰块中

哥哥事先将无色透明的毒药藏在方形的冰块里,然后用此冰块调了一杯威士忌苏打。当他自己先喝时,冰块尚未溶化,所以酒中无毒。

后来,弟弟因为慢慢喝着剩余的半杯酒,此时,毒液已经溶入酒中,因而中毒身亡。

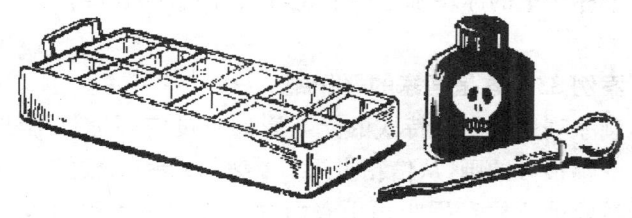

案例 32　杀手所看见的只是交际花映在镜子里的影像

电话机的话筒线应该是在左边,但如图所示,交际花手里的话筒上的电线却是在右边,而且拨号盘上的数字也是颠倒的。

可见,杀手看到的只是交际花映在镜子上的影像而已。

案例 33　用降落伞
逃犯在滑雪逃跑时,背上即背着降落伞。他迅速地从山坡滑向悬崖,到了悬崖边便纵身跳下,同时迅速打开降落伞,安全降落到谷底后再滑雪逃跑。

案例 34　把毒下在冰块里
凶手事先潜入被害者的住处,将其冰箱里的冰块换成有毒的。被害者从外面回来,因天气炎热,便开冰箱喝可乐。他将冰块拿出来,放入一个杯子,另一个杯子里则倒上可乐,再加上两三块冰块。由于冰块有毒,他喝了一半便中毒身亡。

第二天当人们发现时,无论是可乐里的冰块还是放在另一个杯子里的冰块都已经溶化,而且两者都有毒。

案例 35　这是画家的恶作剧
画家利用仑布兰特式的光与影的三度空间远近画法,作了一幅很大的画,从信箱投入口看来,效果十分逼真。为了做试验他还故意用叫声引来警察。连门牌也偷换成 13 号。目的是要让他的老父亲对他刮目相看,不要老是批评他画得不好。

案例 36　把电话听筒架在打火机上
其实,金发女郎是勒索犯的同谋。

她趁夏尔沐浴时,偷偷打电话给对方,然后把听筒架在

打火机上,如此一来,电话即保持通话状态,而外观又好像是挂好的。

这样,他们两人的声音就通过电话被对方录了音。

案例 37 在滑雪杆上系一根绳子

凶手在滑雪杆上系了一根绳子,绳子的另一端绕在自己的手腕上,然后趁升降机慢慢移动时像扔标枪一样把滑雪杆投向被害者的胸膛。

滑雪杆刺中被害者胸部之后,凶手随即收回绳子,使滑雪杆重新回到自己手里,与此同时,由于凶手收回绳子时的拉扯,被害者便从升降机的座位上摔了下去。

注意:将滑雪杆前端的圈圈拿掉,即可作为锐利的杀人凶器。

案例 38 这是联手作案

那位绅士和同谋犯租下相连的两个房间,那人从他房里把绅士房里的保险柜背面烧割挖洞。

不管你前面如何上锁,在后面把盖子掀开,很容易就能拿出来。

案例 39　只要把门上的把手取下就行

凶手在门外用螺丝刀把外面的把手拿掉,然后用一根细绳子系住四方形的把手铁心,往里推,把手就向里掉下,门上便会出现一个小洞。

就从这个洞里,凶手将毒箭瞄准正坐在对着门的书桌旁打盹的老学者用力射入,然后轻轻地把系着里面把手的绳子往外拉,里面的把手又回到原来的位置上。凶手再用螺丝刀把外面的把手装好。这样门便不留痕迹地恢复了原状。

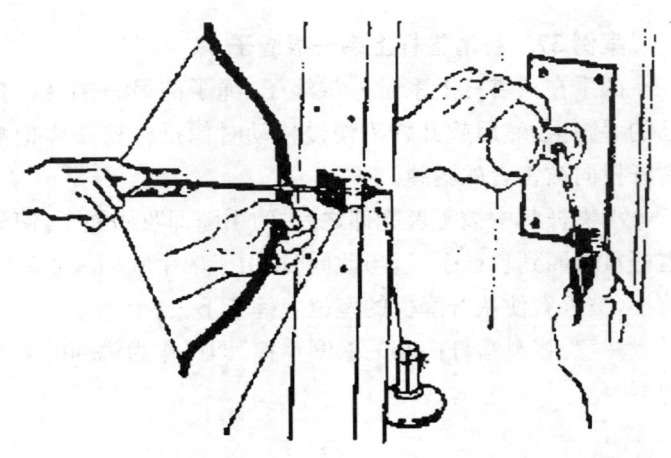

四

注意力测试

案例 40　只有猫知道

在某大楼的一个房间里,有个女人在服用安眠药睡熟后被人用煤气毒死。煤气是从一根橡皮管里放出来的。

现场还有一只同样因煤气中毒而死的猫。猫尾巴上不知为何系着一个棉花球。

根据推测,死亡时间是晚上10点半左右,因为这个房间的门窗都是紧闭着的,所以只要打开煤气开关,30分钟内室内的人即会死亡,也就是说,凶手行凶的时间是在晚上10点左右。

但是,警方追捕到的嫌疑犯则能拿出确凿的证据,证明自己从晚上9点一直到第二天早上都不可能在现场。

那么,凶手究竟是使用什么诡计使煤气延迟了1小时才放出来的呢?

案例 41 谁先进去

　　某星期日,有两个窃贼 A 和 B 潜入某研究室。尽管他们是从同一窗口潜入的,但时间有先后。他们潜入时都被研究室里的自动照相机拍下了照片,但由于底片已经遗失,只剩下两张冲洗出来的照片,所以 A 和 B 两个窃贼到底是谁先潜入研究室的一时很难断定。

　　请你仔细研究这两张照片,看看有没有线索可以确定他们中到底是谁先潜入研究室?

案例 42　画图的女明星

一个初夏的夜晚,警长前去拜访一位电视女明星,因为她涉嫌与一桩刑事案件有关。

女明星住在一幢高层公寓的顶楼。

"昨天下午 3 点,你在哪里?"警长问。

"我在屋顶平台上画油画,你看,就是这幅写生。"女明星让警长看画架上的油画,画的是附近的高楼。"因为住了 3 个月的医院,前天才出院,为了散散心,我从昨天开始就在屋顶平台上写生。天气很好,这样一方面也能晒晒太阳,因为医生说我需要多做日光浴。"

"是吗?怪不得你的脸色黑里透红,看上去挺健康。现在几点了,我忘了戴表。"警长突然问她,但神情很自然。

"6 点半。"女明星看看左手上的手表回答说。她的左手很白,桃红色的指甲也很漂亮。

她注意到警长的目光正盯着她手,便不安地问:

"我的手使你感兴趣?"

"是啊,"警长回答说,"真美。你不是左撇子吧?"

"当然不是。"

"可是你已经有两天一边写生一边晒太阳,左手却一点都不像晒过太阳,所以我觉得有点奇怪。"

"那有什么奇怪,画画时左手要拿调色板,所以晒不到太阳。"

女明星这样回答,但她马上感到事情不妙,因为警长很自信地发出了笑声。

为什么?

案例 43　没有指纹的女人

马奇从刚才开始,一直注视着坐在吧台的美女,总觉得似曾相识,但就是想不起她是谁。

这个女人用她纤细而涂着红色指甲油的手端着酒杯,慢慢喝着鸡尾酒。喝完,即起身离开。她刚走不久,马奇终于想起她就是警方悬赏捉拿的诈骗犯。

于是,马奇小心地包起那个女人用过的酒杯,趁侍者不注意时跑出了酒吧。那女人已没了踪影。

马奇把酒杯交给警方,奇怪的是,酒杯上竟然没有这个前科累累的通缉犯的指纹。

她并没有戴手套,也没有看到它擦掉指纹。

这个女人为什么没有留下指纹呢?

案例44 奇妙的记忆法

汉妮有一个富有的亲戚,自从丈夫过世以后即过着独居生活。随着年龄的增长,她的记忆力愈来愈差,经常记不住锁着珠宝的保险箱密码。为了避免忘掉,她想出了一种非常奇妙的记忆法。

大约一个月后,她即因心脏病去世了。依据遗嘱,汉妮是财产的继承人。但她不知道保险箱的密码。虽然她知道房子里藏有密码,却遍寻不着。

当她准备使用电锯时,突然发现了一样东西,而她也因此得知了密码。

你知道汉妮是如何得知密码的吗?

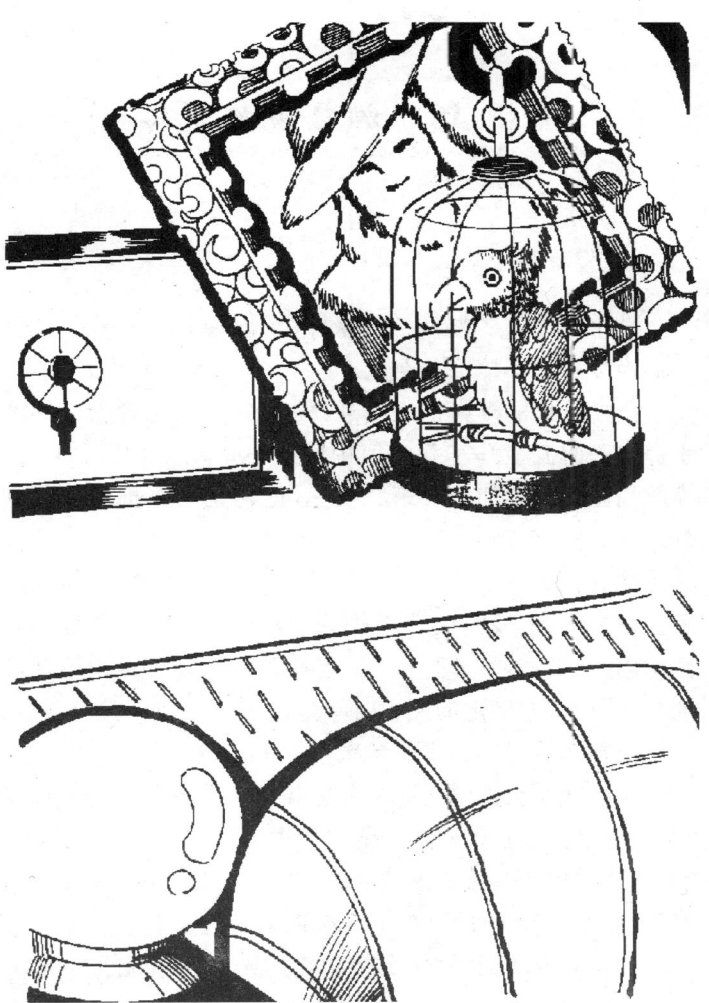

案例 45　加热过的尸体

某个寒冷的冬夜,一个内科医生出诊时在伦敦郊外被一辆疾驶的马车撞倒并碾死。

酒醉肇事的车夫怕人发现,便将尸体和死者出诊用的手提包一起搬上马车载到家中贮藏室里用火炉以摄氏42度的高温给尸体加热。第二夜里,他再用马车把尸体载到郊外,扔进一个池塘。

他为什么要给尸体加热呢？因为他曾听说,尸体加热后会发生变化,警方在调查时便无法确定准确的死亡时间。他想以此迷惑警方,即使警方调查到他,他也能拿出不在场证明,因为警方确定的死亡时间是错误的。

被害者的尸体和手提包次日上午便被人发现。

大侦探桑狄克博士受邀参加验尸。他查看了尸体和死者的手提包之后,便以坚定的口吻说:

"这具尸体在被扔进池塘之前曾经过摄氏42度以上的加热,这点在推算死亡时间时必须加以注意。"

尸体尚未解剖,为什么桑狄克博士一眼就能看穿肇事者所耍的花招呢？

案例46 染血的沙滩

金田一耕肋躺在伊豆海岸的沙滩上,离他5米远的地方,有一把红色的海滩伞,伞下有一对男女在嬉闹。隔着伞看不到他们的人,只听到声音。

不一会儿,一切都平静下来。忽然又传来一阵嘈杂的音乐,是从录音机中传出的。过一下就停了。一个青年男子从海滩伞下走出来,走进海里游泳。沙滩的左边是海岬。这时,海滩伞下有女人在呼叫,男子于是朝岸边挥了挥手。然后游走了。

不知过了多久,睡着的耕肋被一阵不知是男是女的叫声惊醒,看到一个男子从海滩伞下跑出来。他戴着一顶夏天的白帽子,麻料的衣服,打着蝴蝶领结。脸上戴着一副很大的太阳眼镜,鼻子下蓄了胡子。

这人走后不久,游泳的男子回来了。他身上滴着水走向海滩伞,然后就听到他大叫:"杀人了!"

那女子已被人勒死了。

后经调查,耕肋看到的蓄胡子男人是那女人的情夫,于是他便成了杀人嫌疑犯。但他又有不在现场的证明,这是怎么回事呢?

案例 47　无影怪盗

爱鸟协会会长 Q 先生在郊外一间别墅里饲养了不少珍禽异鸟。

某个夏夜,来此参加宴会的一名女士,手上的钻戒遭窃。由于天气闷热,她把钻戒取下来,放在三楼客厅的圆桌上,到浴室洗澡。她出来时,钻戒就不见了。桌子上多了一根火柴棒。以前也曾发生过类似的失窃案件。

当时,三楼餐厅是从里面锁上的,窗子虽说开了一半,但也没有任何利用梯子绳索潜入的迹象。

另外还有一件奇怪的事。有一次失窃时,同时放有昂贵的钻石别针和珍珠项链,但失窃的却是一只廉价的耳环。

为什么现场都会留下一根火柴棒呢?谁是小偷呢?

案例 48 百密一疏

赌徒甲向朋友乙借了许多钱,因为无法偿还,便起了杀人的念头。

一天晚上,甲邀乙到家里喝酒,预先把安眠药放在酒里,乙喝了之后便昏昏沉沉地睡着了。甲为了防止乙挣扎,用绳子把他捆起来,然后把乙的头按进预先准备好的一桶海水里。因为若用普通的水,法医在解剖尸体检查肺部时会发现疑点。

乙窒息而死。甲为了制造不在场的证明,待乙死后便马上到另一个朋友家去聊天。两小时之后,他回到家里,将乙的尸体装上车,开到海边。他将尸体从车中拉出,将死者的裤子拉链拉开,然后便把他扔进海里。

他这样做是要让人误以为乙是站在海边小便,因喝醉酒而不小心掉进海里淹死的。

那天夜里没有月亮,周围一片漆黑。甲干完之后看看自己的夜光表,时间是凌晨 1 点 15 分。他觉得自己干得简直天衣无缝,便得意洋洋地驱车回家去了。

可是第二天一早当尸体浮起而被发现后,及时赶来的法医稍稍检查了一下尸体便得出结论说:

"死亡时间是昨夜 9 点多,不是意外死亡,而是他杀。凶手是在凌晨 1 点 15 分左右将尸体运到这里扔进海里的。"

法医是根据什么做出这一判断的?

案例49 奇怪的伤口

有人因一桩谋杀案而来求教大侦探桑狄克博士。

来人是被害人的堂弟。这天,他去找他的堂兄,按了半天门铃,却无人来开门。最后,他找来公寓管理员破门而入,发现他的堂兄俯卧在房间中央,已经死去,背部被插进了一把短剑。当时被害者好像正在为壁炉上方的挂钟上发条,被人用短剑刺死的。但房门关着,窗户也都关着,唯一开着的是一扇气窗,从这扇窗可以望到对面房子的三楼。

这把杀人的短剑呈细长状,就像一枝铅笔,剑柄是由轻质的铝制成的。凶手好像非常有力,因为短剑刺穿了被害者的胸部。更为奇怪的是,凶手好像是一边旋转着短剑一边将其刺入被害者体内的,所以被刺部位的衣服有扭转的痕迹。

这个房间在二楼,窗户离地面15米,前后左右都有住家,所以如果想从窗户爬进去而不被发现是不可能的。

现场没有任何搏斗或挣扎留下的痕迹,看来被害者是突然遭到袭击的。凶手没有在现场留下任何其他证物,除了那把短剑。

桑狄克博士仔细检查了被害者的伤口,发现被害者被

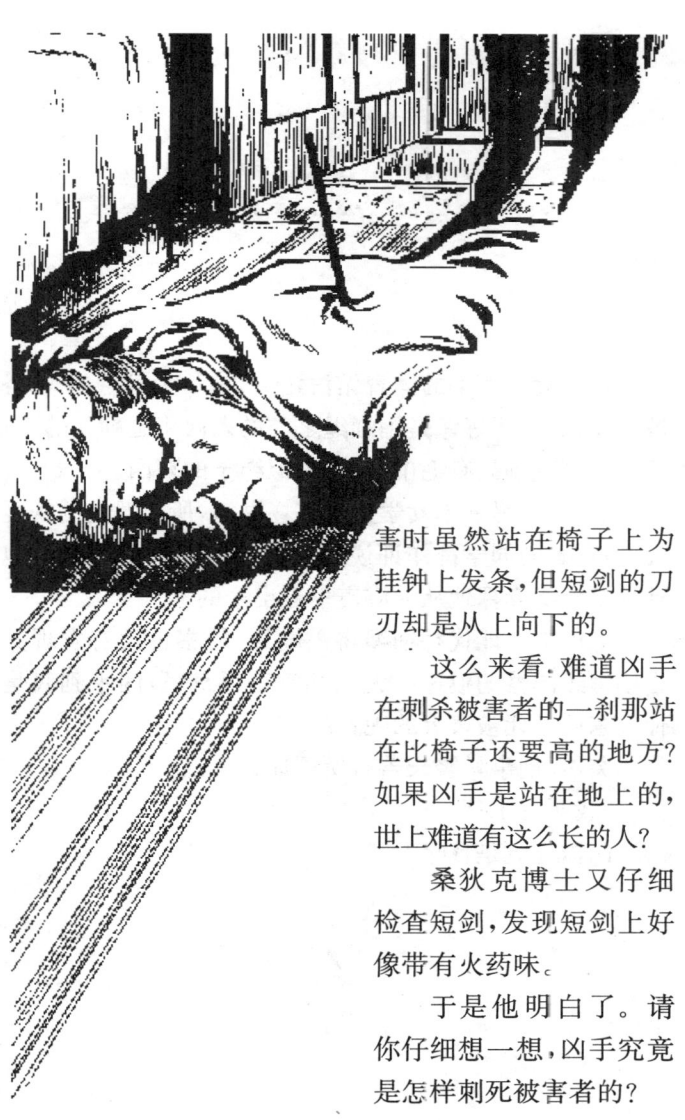

害时虽然站在椅子上为挂钟上发条,但短剑的刀刃却是从上向下的。

这么来看,难道凶手在刺杀被害者的一刹那站在比椅子还要高的地方?如果凶手是站在地上的,世上难道有这么长的人?

桑狄克博士又仔细检查短剑,发现短剑上好像带有火药味。

于是他明白了。请你仔细想一想,凶手究竟是怎样刺死被害者的?

案例 50　女浴室谋杀案

在某女子大学的体育馆淋浴室,有个女学生在淋浴时被人谋杀,凶手好像是用细绳之类的东西将她勒死的。

可是现场只有毛巾,没有类似绳子的东西。

案发时,另一个女学生也在场淋浴,所以对她的嫌疑最大,但是她的同学都作证说她们在外面更衣室里清楚地看到她是全身赤裸地从淋浴室里走出来的。

毛巾不可能代替细绳将人勒死,警察也没有发现其他当场销毁凶器的痕迹。大家都觉得很奇怪,凶手到底是用什么东西勒死被害者的呢?

突然,刑事科警长若有所悟地大声说:

"我明白了!"

凶器究竟是什么?

案例 40—50 答案

案例 40 只要注意到棉花球,就能找到答案

只要注意到猫尾巴上的棉花球,谜底便很快就揭开了。

凶手先为猫注射麻醉剂,再把棉花球系在猫尾巴上,然后把猫尾巴塞进煤气橡皮管的出口处。这样,即使把煤气打开,煤气也不会泄出来,而过了1个小时,大约在10点左右,麻醉剂失效,猫醒了过来,一走动,棉花球便从橡皮管内被拔了出来,煤气大量外泄。30分钟后,正在室内熟睡的被害者连同猫一起中毒而死。

案例 41 窗口旁的树枝是重要线索

先潜入的是窃贼B。

窃贼B潜入时,窗口旁的树枝上的树叶是6片,而当窃贼A潜入时,树叶只剩下5片。少掉的一片树叶,无论是窃贼B碰落的还是风吹落的,都只能说明窃贼B先于窃贼A潜入研究室。

案例 42 至少她的左手拇指应该晒到太阳

写生时因左手要拿调色板,所以这一只手在板下确实晒不到太阳,但拇指却是露出来的,应该晒到太阳。

现在,警长发现女明星左手的五个手指都很白,所以他已知道女明星说她这两天一直在平台上写生根本就是撒谎。

案例 43　她在手指上涂了透明的指甲油

虽然有完全没有指纹的人存在,但那是绝无仅有的例子。然而,这位女性诈骗犯在警方早有通缉纪录,不可能没有指纹。她是怕不小心留下指纹而被逮捕,因而在双手的指头涂上了透明的指甲油。这样,即使不戴手套也不会留下指纹。

案例 44　由鹦鹉得知

当汉妮准备使用电锯时,她突然看到了头上的鸟笼。笼中是一只鹦鹉。

因为鹦鹉可以说简单的人语,所以死者曾买回一只,反复将保险箱的密码说给它听,使它能够记下。

当汉妮拿鸟食喂它时,它即高兴地说出了密码。

案例 45　医生出诊用的手提包里有一支体温计

当桑狄克博士查看手提包时，发现里面的体温计里的水银柱竟升在摄氏 42 度的指数上，心中马上就想到尸体可能被加热过。

肇事者想逃避责任，但他一时疏忽，把手提包和尸体放在一起加热了，而体温计里的水银柱一旦升起，除非用手甩，才会降下来，冷却是不会使它下降的。这一点为桑狄克博士提供了线索。因为假设医生在给病人量过体温后忘了把水银柱甩下来，温度也不会高达 42 度，因为这样的病人早已死了。

案例 46　凶犯是游泳的男人

他一人扮演了两个角色。为了要使他不在现场的证明成立，才特意把伞架到别人附近。

在开录音机的时候，他勒死了那个女人，然后利用录音，放出女子打招呼的声音，好像他去游泳时那女人还活着。

他在出海后绕到海岬，把事先准备好的衣服、帽子、眼镜穿戴上，再粘上胡子，化妆成情夫的样子跑到海滩伞下，故意发出叫声，好让人以为是那人在那时候把女子勒死的。

然后他再经由道路走回海岬，换下衣服，跳入海中游回来，假装发现尸体而惊叫。

案例 47　禽鸟管理员是小偷

管理员利用他所饲养的猫头鹰来偷珠宝。猫头鹰是夜行性的鸟类，尽管客厅在三楼，只要窗户没关，便可以自由进出。

为了避免猫头鹰发出叫声,就让它口中含一根火柴棒。当它发现桌上闪闪发亮的珠宝后,便将口中的火柴棒吐掉,改含珠宝回来。由于鸟类不懂珠宝的价值,所以会含一只廉价的耳环。

案例48　他注意到了死者的手表

甲在谋杀乙并想销毁罪证时忽略了乙手上戴着的手表。

当他在昨晚9点多把乙的头按进水桶时,乙的手表并没有浸到水,可是凌晨1点15分,当他将乙的尸体扔进海里时,乙手上所戴的一块不防水的手表因浸到水而停摆了。

死亡时间和手表停摆时间之间的差异便使法医认定,此人不是不慎掉进海里淹死而是被人谋杀的。

案例49　凶手并不是用手直接把短剑刺入被害者身体的

凶手是利用旧式的来复枪把短剑发射出去的。为了减轻短剑的重量,所以剑柄用轻质的铝来制造。

原来,凶手先租下被害者住处对面三楼的一个房间,伺机杀死被害者。两幢楼房的间距约10米。

这天天气暖和,被害者当时想透透空气,便打开了气窗。凶手事先就准备好了短剑和来复枪,而且经常在练习枪法,只是一直没有找到机会。

这天终于机会来了,他看到被害者正站在椅子上为挂钟上发条,于是便立即拿起带消音器的来复枪,以短剑代替子弹,把枪架在窗口上向下发射。枪声并不大,因此没有引起邻人的注意。

短剑在空中旋转着,通过开着的气窗,射中了被害者的背部。由于冲力很大,所以短剑在击中的一刹那将被害者背部的衣服稍稍卷了起来。

案例50 是被害者自己的长发

勒死这个女大学生的凶器,就是被害者自己的长头发。她的头发原是编成辫子的,凶手趁和她一起淋浴而旁边无人的机会,便从背后用被害者自己的长辫子将其勒死。随后,凶手又将被害者的辫子松开,弄成好像是因洗澡而解开的样子,然后便故意赤裸着全身,手里什么东西也不拿走出了淋浴室。

案例 51 死者在打电话？

某日,一名女画家被人勒死在家中。死者身上一丝不挂,死于浴缸之中,死亡时间只能推定是昨夜 8 点到 12 点之间。

公寓中有人目击昨夜 9 点左右,死者分居的丈夫 M 从死者的房间中走出去。

现在 M 已与情妇住到了 F 饭店。

去调查时,M 说:"我昨天晚上 10 点半住进饭店,11 点的时候,我还打过电话给她。她的电话占线,可见她当时还活着,在与人通话。如果你不相信,可以向总机查证。"

查证的结果,M 说的话没错。死者家中的电话查下来也处于正常状态。

在向饭店的工作人员调查 M 的情妇的情况时,有人说,看见她 11 点左右在大厅的公共电话旁。

这两个人都在饭店里,他们利用什么方法使死者家里的电话呈现通话状态,从而利用饭店的总机小姐作了其不在场的证人呢?

案例52　不幸的野餐

亨利应一位富家独生女之邀去郊外的别墅野餐,同去的还有富家女的堂姐以及堂姐的未婚夫——一个外科医生。

富家女的双亲都已去世,由她继承了巨额家产。她的身材小巧轻盈。

到达别墅后,他们在庭院的草地上野餐。他们带了三个大篮子,内中装满食物。吃饱后,篮子就收进别墅中。

亨利和堂姐谈天时,富家女和外科医生一起进了别墅。好久也不见他们出来。于是堂姐进屋察看,却发现里面空无一人。

当亨利也想进屋时,外科医生从另一边的树林里出来了。他一身泥巴,在摘野草莓呢。亨利问他富家女在哪里,他说在屋里。

然而当他们三人进屋去时,却无论如何也找不到富家女,而且门窗都是从里面锁住的。

亨利找来找去,只在走廊上捡到一块防水布片。

三人很失望地将野餐用具收拾整齐,把大篮子放回车上,离开了。

后来警察又进行了仔细的检查,但除了在浴室里有一点血迹外,实在找不出什么来。

富家女到哪里去了呢?她被谋杀了吗?尸体呢?凶手又是谁呢?

案例 53　股票经纪人之死

纽约的夏天，股票经纪人和他的合伙人等四五个人一起乘电车。车很挤，他好不容易才挤到司机旁，掏钱买票。

电车还没到下一站，经纪人把手伸进口袋里想拿眼镜套，忽然轻轻叫了一声，随即把手抽出来。边上的人看到，他的手上出了一点血。他很吃惊地把血擦掉。就在这时，他抽筋，身体僵硬，猛然倒下去了。

车靠站时，警察上来了。原来是司机在中途下车报了警。

经纪人已经死了。在他的口袋里找到一个软木塞球，球上插了 50 根针，针尖有一股烟臭味，是涂了尼古丁的。经纪人不小心碰到球，尼古丁从手部血管循环到全身，就中毒死了。

如此危险的东西，一般人是无法随便带着到处跑的，更何况是在客满的车厢内。

他是谁呢？他是如何把球放进被害者的口袋的呢？

案例54 桑拿浴室凶杀案

在女子专用桑拿浴室里,有个女子死在那里。她的腹部被刺了一个洞。

从伤口的形状判断,凶器可能是短刀一类的东西,但在密封的蒸汽室里,只有一个空的热水杯,看不见任何可以充当凶器的东西。

据在门外的按摩师回忆说,案发之前曾有另一个女人从里面出来。她可能是凶手。但按摩师很肯定地说,那个女人是全身赤裸而且两手空空从浴室里走出来的。此后,直到尸体被发现,再没有其他人进入过这间浴室。

那么,凶手究竟是使用什么凶器行凶的呢?凶器又藏在哪里呢?

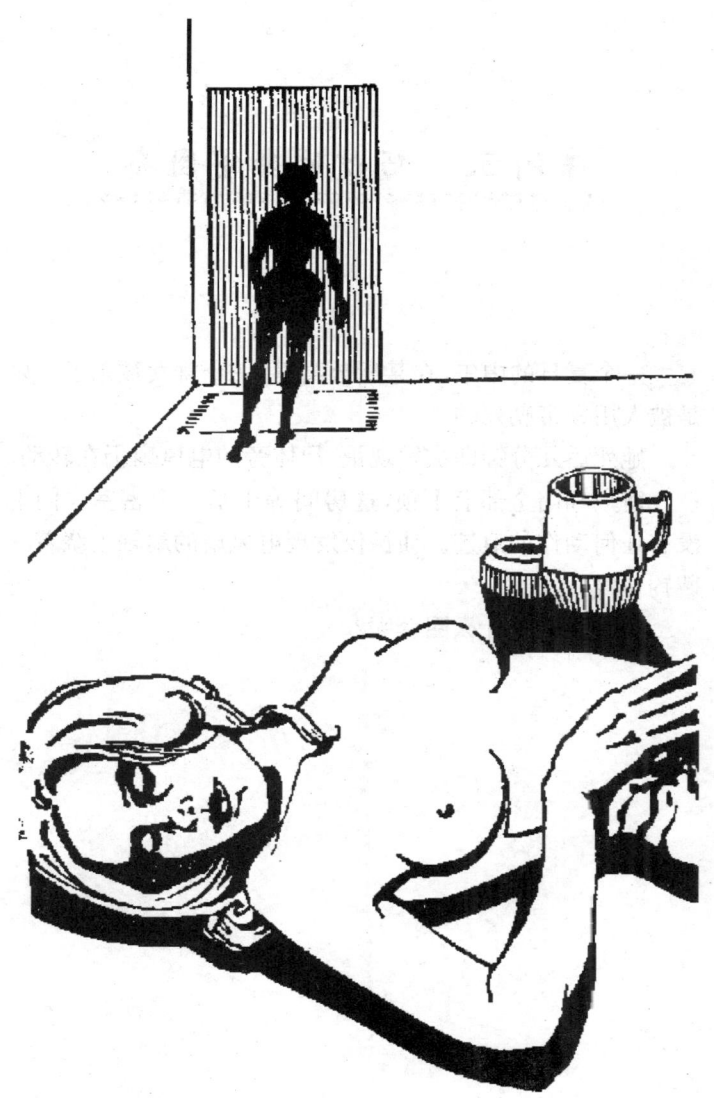

案例55　巧妙的密室圈套

一个夏日的中午,在某所公寓里,一个舞女被杀了。她是被人用领带勒死的。

她死后几分钟即被发现了,尸体旁的电风扇仍在转动。

窗户和门全部上了锁,这房间等于是一个密室。门上没有任何动作的痕迹。侦探仅发现电风扇的扇轴上绕着一截钓鱼线。

凶手设的是什么圈套呢?

案例 56 劫机

从纽约飞往洛杉矶的 SS 班机,上午 7 时出发。

空中小姐满面笑容地迎向旅客,其中有出差的职员,带着照相机的旅行团成员,提着文件箱的男人,抱着棉布缝制的大熊猫的孩子,还有脚部负伤拄着拐杖的男子,空中小姐很亲切地扶他坐下。

乘客共有 126 名。

30 分钟后,地面控制台接收到了 SS 班机被劫的无线电讯。机长报告说,有一男子携带步枪,要求飞机接受他的指示。

机场的安全人员立刻大哗。在经过严格检查后,竟有人能把步枪带上了飞机!连对打火机也会呈现出反应的最新式的金属探测器,怎么可能把步枪遗漏呢?

安全人员把 SS 班机上的旅客一个个过滤回想,随即恍然大悟。

这把步枪是藏在哪儿的呢?

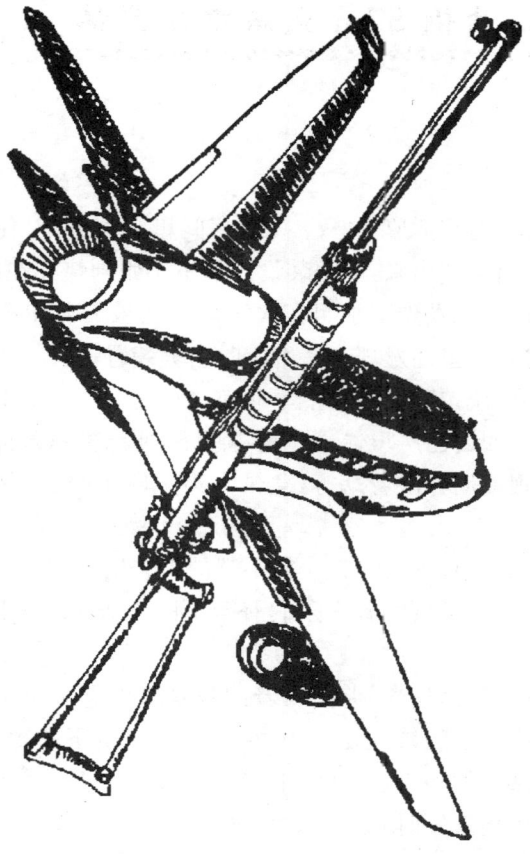

案例57　火焰中的尸体

深夜,"白宫大厦"失火。125房间里浓烟滚滚,住在里面的郑小姐逃了出来,而服装设计师王小姐则烧死在里面。

经过验尸,发现王小姐在火灾前已经被刀刺中心脏而死。她的房间里还发现有一个定时引火装置。

郑小姐说:"我因为有点事很晚才回去,看到王小姐已经睡了,就回自己房里休息。刚刚睡下,便感觉胸部郁闷而醒来,发现四周弥漫着烟雾,急忙大声喊叫王小姐,然后跑到室外。"

人们又找到平素与王小姐不睦的李先生。

李先生说:"也难怪你们怀疑;我还收到一封恐吓信呢。"

他拿出一封信来,上面写着:"我知道你是刺杀王小姐的凶手,如果不想被人知道,必须在5月1日下午6时,带100万现款,到××车站的入口前。"

这时,离案发时间只有3小时。

聪明的警探立即知道了凶手。你知道吗?

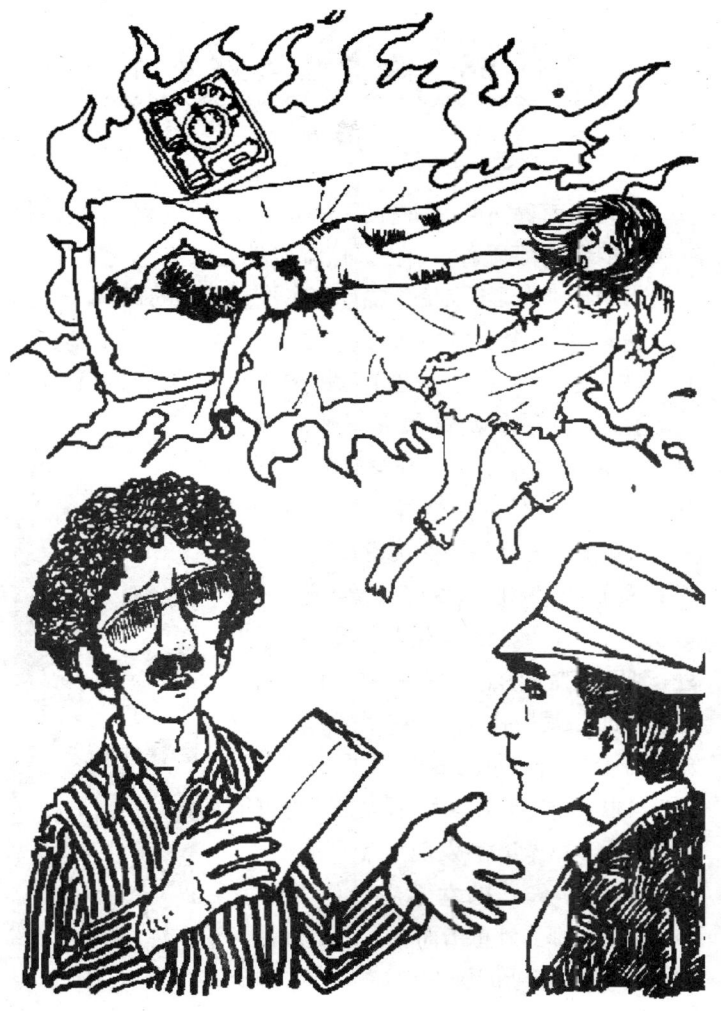

案例 58　女学生失踪事件

伦敦富商鲁宾斯家失窃了一幅小而贵重的名画。据传，有人要携带这幅画到巴黎去。这幅画约是大型笔记本大小。有关当局特别做了严密的措施，彻底检查旅客的行李。

这时，有一个女学生，在前往巴黎的火车上离奇地失踪了。她们共有 10 个人，是各个学校选送出来，送往巴黎留学的优秀生。有人看见她进入火车站的洗手间，从此就不见踪影了。既没有跳车的迹象，也没发现尸体。而她所戴的大帽子和一双很重的鞋子在铁路旁被发现了。

这列火车上，除了这些女学生外，另外还有三组乘客，他们都有私人车厢。一组是两个到巴黎观光的老小姐；一组是两个中年的法国商人；最后是一对最有嫌疑的年轻夫妇，妻子是化着浓妆的美人，丈夫是个有前科的累犯。因为事关重大，所以警方检查了他们的行李，但却没有发现什么。

第二天，失踪的女学生在伦敦被发现。她因头部受到重击而丧失记忆力。

后来，鲁宾斯的画在巴黎火车站这个女学生的书包中被发现。

这是怎么回事呢？

案例 59　没有线索

在 H 大学一栋活动房屋的餐厅内,发现一位教授的尸体。

活动房屋放在很坚固的平地上,没用螺丝钉固定。门从里面拴住,窗子也锁上了。没有人从外面侵入的痕迹,从屋顶或从地下都无法进入。

教授的死因是头部撞上铁板,头骨碎裂,重创而死。从头发沾着的血及头部下凹的痕迹来看,非常严重,即使是自己跑着撞墙也不可能伤成这样。

这个活动房屋是 10 米见方的大建筑物,内部并无桌椅。

据推测,死亡时间是前一天的晚上。

从活动屋内的窗户里,可以看到外面正在施工,有大型起重机在操作。

有人怀疑是和教授敌对的讲师杀的人。但是,他用什么方法杀人的呢?

案例 60　把老虎偷出来

两个有抢劫银行前科的人委托尼克到动物园去偷老虎。他们要求在星期一早上 9 点 45 分把老虎偷出来。说是已租好了飞机,一定要早上动手。

尼克把货车开到动物园,把守卫打倒,拿了钥匙,把车开到畜栏旁,打开笼子,赶老虎上车。

有人看到,就去报警。于是,所有的警员都赶来了。

正在这时,另一边又响起了枪声。那两个人究竟想干什么呢?

案例 61　不可思议的凶器

两个小流氓因故发生争吵,最后大打起来。住在隔壁的女子从很薄的墙壁中听到了一切,立刻打电话报警。

警察赶到,推门一看,其中一个头部受伤已死了。从伤口判断,他是被人用坚硬的钝器打死的。

他们检查了整个房间,却连可作为凶器使用的可乐瓶都没有看到,只有一个菠萝罐头的空罐子。然而,这么轻的空罐子是无法打死一个大男人的。

隔壁的女子说,她没有看到有人离开房间,也没听到凶器被扔出窗外的声音。

那小流氓用了什么凶器?又把凶器藏到哪里去了呢?

案例62 无影的凶手

在一幢公寓的二楼房间里,突然传出枪声,管理员随即跑去察看,但是房间锁着根本打不开。等管理员用钥匙开了门,赫然发现一个女人躺在床上,头部中弹而死。

行凶用的手枪被固定在床框上,手枪的扳机上系有一根钓鱼线,而且已经扯断,另一端却不知在什么地方。

警察经过仔细的检查才发现了其中的奥妙。

你知道凶手究竟是用什么办法开枪行凶的?

案例63 绑架嫌疑犯的真面目

有一位住在洛杉矶的G经理,他的儿子被绑架了,歹徒要求10万美元的赎金。他在电话中说:

"把一千张旧的百元大钞准备好,在明天中午以前,用普通小包寄出。地址是……"

当然,警方调查了这个地址,却发现地址和姓名都是假的。难道歹徒竟无意收取赎金吗?

这是怎么回事呢?

案例 64　空白遗书

侦探卡拉德斯是个瞎子。正巧,他的朋友艾德也因猎枪走火伤了眼睛而双目失明。不久,艾德患了重病,便让妻子把卡拉德斯接到家里,对卡拉德斯说:

"我的好朋友,我大概要不久于人世了,我想写份遗书,拜托你保管,等我死后,你就按遗书把我的财产分配给我的妻子和我的弟弟。"

这样说着,艾德就要妻子去取纸和笔来。

艾德的妻子出去了一会儿,拿来了纸和笔。艾德便在纸上用有力的笔触写下了他简单的遗书:

"我死后,在我的遗产中分五千英镑给我的弟弟。"

写完之后,艾德便将遗书装进一个信封,交给卡拉德斯。

一个月后,艾德病逝。卡拉德斯找来艾德的弟弟,亲手将艾德的遗书交给他。艾德的弟弟当场打开信封,里面却是一张白纸。

艾德的弟弟大为恼火,痛骂哥哥临终时还要羞辱他。但卡拉德斯不相信,他拿过遗书用敏感的手指在上面摸了一阵,随即便对艾德的弟弟说:

"不要骂你哥哥,他没有错,而是你的嫂嫂干了伤天害理的事情。你看到的这份遗书虽然是一张白纸,但它上面分明写着你将得到五千英镑的遗产。"

为什么艾德的遗书会是一张白纸?卡拉德斯为什么说那白纸上写着要给艾德的弟弟五千英镑的遗产?

案例51—64答案

案例51　M的情妇先拨电话到死者家中

凶手,也就是M,于晚上9点左右掐死自己的妻子,然后住进情妇住的饭店。11点,通过总机打电话到死者家中。

这时,被害者早已死亡,电话自然没人接。但是,只要第三者先打电话进去,那么总机听起来就是占线,也就会以为死者在与人通话。这个先打电话到死者家的人便是M的情妇。

只要总机小姐产生错觉,以为此时死者仍在人世,这样,凶手安排的不在现场证明也就成立了。

案例52　凶手就是堂姐和她的未婚夫

他们为了争夺家产才下此毒手。

他们提议邀请亨利去野餐,是为了让他做证人。当富家女和外科医生进入别墅后,医生便杀了她,在浴室里肢解了尸体,用防水布包着,放进大篮子中。因为被害者很娇小,重量轻,不易被发觉。事后,医生从后门出去了。

堂姐进屋察看时,把门从里面锁上了。

三人把尸体搬上车时,只有亨利毫不知情。

案例53　司机是嫌疑犯

能够在夏天戴着手套而不引起别人怀疑的人只有司机。他卖票的时候可以接近经纪人,偷偷地把球放进他的口袋里，当经纪人中途倒下后，他下车报警，正好丢掉手套及作案工具，然后再回到车上。这样，任凭警察仔细调查全车的人也不会露出破绽，后经调查，事实正是如此。那人是为经纪人所害，股票赔了大钱，公司倒闭，不得已才做司机的。他每天都带着软木塞球，等待经纪人乘坐他的电车时可以报仇。

案例54 凶器是用冰做的短刀

凶器是用冰做的锐利短刀。凶手怕冰做的短刀会溶化，所以就将它和干冰一起装在热水杯里带进浴室，趁对方不注意时，就从热水杯里抽出冰制短刀迅速刺进她的腹部。

因为腹部肌肉比较柔弱，冰制的短刀在一刹那间完全可以刺入腹部而置人于死地。

当尸体被发现时，冰制的短刀和干冰都已经完全融化，所以根本就找不到凶器。

案例55 凶手是利用风扇和钓鱼线设圈套的

凶手先在屋外打开电气安全器，让屋内停电。然后打开电风扇。再用一根钓鱼线，一头缚在风扇扇叶上，一头缚在门锁的横木上。此时，凶手只要在门外将线稍微一拉，门就会卡住，再用力一拉，钓鱼线就断了。这时再接上安全器，让风扇通电转动，钓鱼线就卷进了电扇中，从而使屋内不留痕迹地呈密室状。

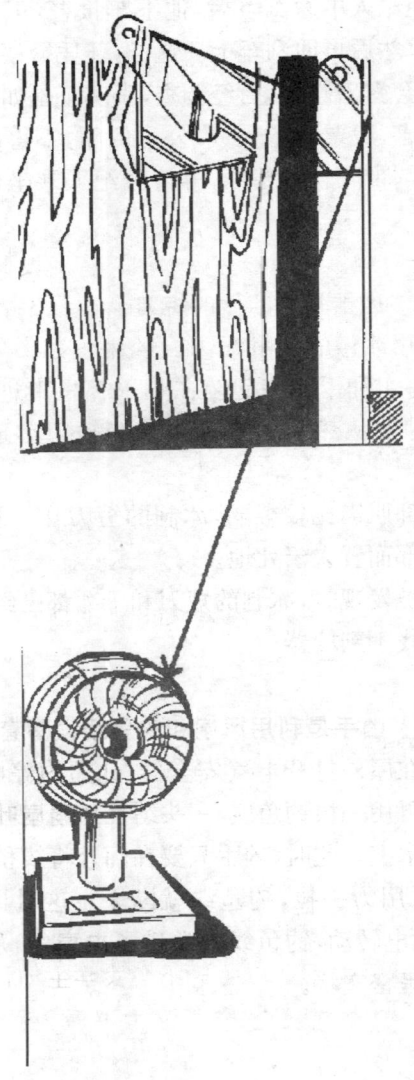

案例 56　步枪藏在拐杖里

步枪被分解后藏在拐杖里,而拐杖本身就是铅制品,当然会对金属探测器产生反应。但这个反应是正常的,因而造成了安全人员的疏忽,没有怀疑地让他通过了检查。

案例 57　凶手是李先生

在案发后 3 小时,不可能会收到信件。这个时候,唯有真正的凶手才知道王小姐是被刺杀的。李先生过早地提出这封信,透露出自己是真凶的信息。

案例 58　案犯使用了调包计

为了带着那幅画去巴黎,为了避开严密的搜查,他们决定利用这个女学生。那对年轻夫妇就是罪犯。

在伦敦集合前,他们先把女学生打昏,然后由妻子打扮成女学生的模样。因为这些留学生彼此都不认识,所以不用担心会被人拆穿识破。

他们把画藏在书包里,和这些学生的行李放在一起,躲过了检查。想等火车到巴黎后,再由他们的同伙偷出书包。

到了车上,那女人就不能再扮演下去了,因为集合报到时,一定会露出马脚,所以就演了一出失踪事件。

当她进入洗手间后,马上卸下了女学生的打扮,恢复本来面目。女学生的帽子和鞋子又大又重,就被她扔到了窗外。

案例 59　活动房屋曾被吊起过

讲师因与教授有仇,故而设计杀人。

他在前一天晚上,用电话把教授请出来。而在教授未到之前,把屋内的桌椅搬了出去,在餐厅的一边挂上钢索,坐在起重机上,等待教授到来。

他在电话中曾告诉教授,要与他密谈,请在进入餐厅后锁住门窗。不知情的教授果然照办了。讲师于是开动起重机,把活动房屋侧面提了起来。

教授受了惊吓,伸手拉住门闩。讲师则继续把房子提起。教授终于拉不住,手一松,掉了下来。实际上也就是他从 10 米的高度摔下来,头部撞上铁板,死了。

凶手再把餐厅放下,回复原样,拿掉钢索,使人家不知道房子曾被吊起过。

案例 60　他们在使用调虎离山计

他们要尼克去偷老虎,在动物园内引起骚动,趁机攻击每个星期一早上 9 点 45 分到动物园收钱的银行运钞车。

他们的计谋很成功。把运钞车的守卫打死后,他们抢了数十万美元,而所有警卫都去尼克那儿了,所以没人拦阻他们。

案例 61　凶器就是菠萝罐头

没有开过的罐头是可以当作凶器使用的。凶犯在打死对方后,又把里面的东西吃掉了。如果强迫凶犯呕吐,即可看到他胃中尚未消化的菠萝。

案例62　利用洗衣机里的脱水器

凶手先让被害者服下安眠药,待被害者昏睡之后,便把一支手枪固定在床架上,枪口对准被害者的头。然后凶手用一根很长很长的钓鱼线,一端系在手枪扳机上,另一端系在洗衣机的脱水器上。这样,凶手便开启洗衣机并随即逃离现场。

洗衣机的脱水器一旦转动,钓鱼线也就被缠绕在脱水器上,最后由于越缠越紧而牵动手枪扳机,随后又扯断钓鱼线而将其全部缠入。过一会儿,洗衣机便自动停止。

案例63　绑匪是邮递员

这个邮递员负责送该区的邮件,只有他可以收到用普通邮包寄来的赎金,又不会受到任何人的怀疑。

一般邮局的工作人员决没有成为嫌疑犯的可能,因为歹徒无法百分之百地确定G经理会在哪一个邮局寄出赎金。

案例64　遗书是用没有墨水的钢笔写的

艾德的妻子是个非常贪心的女人,为了独吞艾德的遗产,她利用艾德和卡拉德斯都是盲人的缺点耍了一个小小的诡计。那天艾德叫她去取纸和笔,她取来的笔里是没有墨水的。

但是，钢笔虽然没有墨水，笔尖在纸上仍留下了痕迹。卡拉德斯就是用他的敏锐的手指触摸纸上凹凸的痕迹判断出遗书的内容的。

六

鉴别力测试

案例 65　漂亮的女间谍

有一个漂亮的女间谍站在两面镜子中间,摆出一个得意的姿势。

在 A 镜子里的影子,是图①还是图②?

案例 66　看不见的证据

一个雨天的夜晚,有两个学生 A 与 B 在宿舍里边喝酒边争论。争论的主题是四天前所进行的氢弹试验。因为两人都喝醉了,以至于打了起来。在打斗中,A 一失手竟把 B 打死了。

为了逃避罪责,A 就把 B 的尸体扔到了一条僻静的胡同里。

由于当时雨已停,A 就用水浇在 B 的尸体上,伪装出好像 B 是在下雨时在这条胡同里被暴徒打死的。

但是,第二天尸体被发现后,法医很快就做出鉴定:"死者身上的水是凶手浇上去的。"

法医是如何做出这一鉴定的?

案例 67　谁是罪犯

有一个星期天,六年级小学生小强在街上玩,看见前面有两个人走在一起。仔细一看,发现这两个人的手用一副手铐铐在一起。小强知道,这是便衣警察抓到了嫌疑犯,正在把他带回警察局。

但是,到底哪个是便衣警察,哪个是嫌疑犯?

小强想不出来。你知道吗?

案例 68 四发子弹的弹痕

某天晚上,走私集团的女"老板"在她的别墅里被人枪杀。

她是站在窗户旁边时被人从外面开枪打死的。但凶手的射击技术并不高明,打了四枪才击中她。

玻璃窗上有四个弹痕,B弹痕是击中女"老板"的那发子弹留下的。

但究竟是凶手射出的第几发子弹呢?

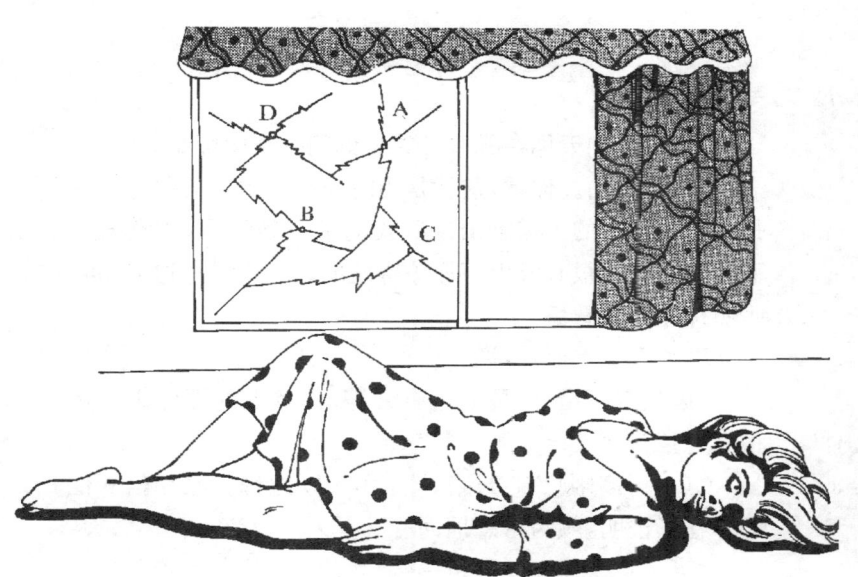

案例 69　不在场证明

"上个星期天你在哪里?"警长询问一个嫌疑犯。

"我在登山。你看,这就是当时我在山顶上的照片。我是用自拍机拍的。登上山顶后我喝了一罐啤酒,我觉得拍下当时的情景很有意思。"那被嫌疑的人一边说一边拿出一张照片让警长看。

警长看了看照片,说:

"风景真不错,山腰上还有云雾,你登上的那座山一定很高吧?"

"嗨,可高啦! 有 3500 米。"那人以为警长已相信了他的不在场证明,颇为得意地回答。

"可是!"警长突然脸色一变,声色俱厉地大声说,"你在撒谎! 这张照片是假的!"

警长说得这样肯定,这张照片究竟有何问题?

案例 70　消失的遗产

蒂拉小姐的伯父终身未娶,独自居住在芝加哥。一个月前,他把大约 10 万美元的家产遗留给蒂拉,之后就病死了。他的遗产全都换成珍宝,寄存在芝加哥银行的出租保险柜中,并把钥匙寄给了蒂拉。他立下遗言,要等他断气后方能打开。然而,当蒂拉小姐打开保险柜时,却发现里面空无一物。只有一个极为平常的信封,贴有两张古老的邮票。上面没有任何字迹,里面也是空的,也没有发现用什么神秘墨水书写的痕迹。

遗产到哪里去了呢?

案例71 树下的尸体

某天清晨,在一堵围墙外的一棵树下发现躺着一具尸体。树边有一双拖鞋。死者赤着脚,脚底有几条从脚趾到脚跟的伤痕,而且还有血迹。

"死者是想爬树翻入围墙,但不小心摔死了。他可能是想行窃。"有人这样推断。

但是老练的刑事科警长却说:

"不,这个人不是从树上摔下来死的,而是被人谋杀后放在这里的。凶手是想伪装成被害者不慎摔死的假象。"

警长究竟发现了什么破绽?

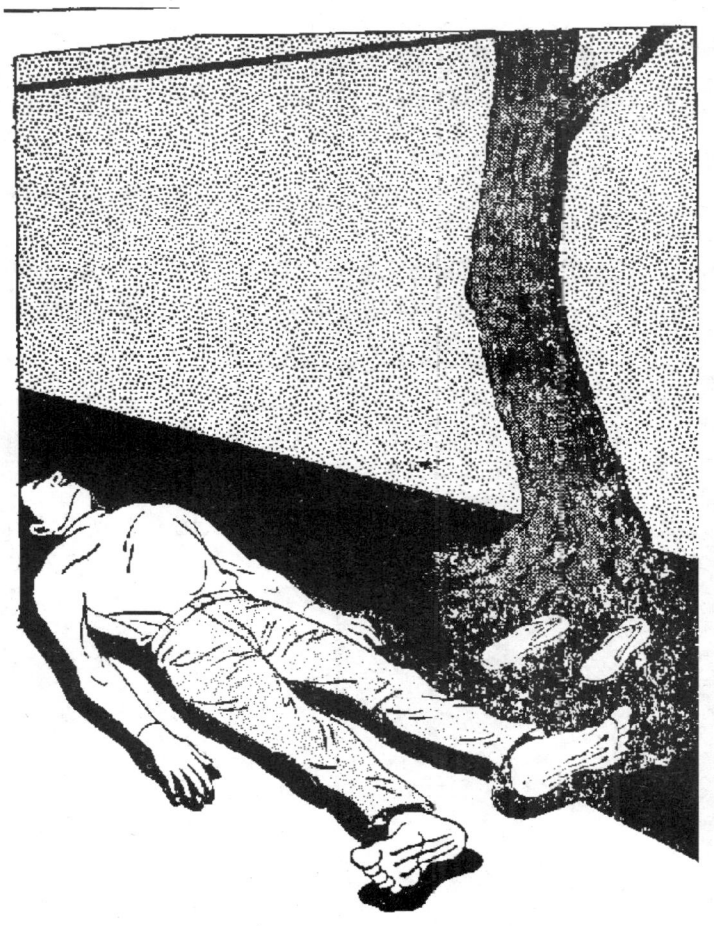

案例72 伪装的不在场证明

某个星期天午后3点,距离伦敦50英里的Y镇,有位独居的老太太遭人杀害。嫌疑犯是她的侄子,警方怀疑他为了继承伯母的遗产而杀人。但侄子却拿出一张照片,以证明他不在现场。

照片是在伦敦拍的,背景是纪念塔的大时钟,指针正好指在3点。

警探一看,立刻确认这个侄子是杀人凶手。这是为什么呢?

案例 73 签名之谜

有个大学教授在苏格兰休假 3 个月后,一回到学校,就从会计室领了 10 万英镑,然后宣告失踪。

教授是单身汉。有一天晚上,住在对面的学院院长回家,看到有人在叫教授。这人脸上长满白胡子,戴着墨镜,自称是博士,是教授的朋友。他说教授进屋后就没有再出来。于是,两人一起进去寻找,发现教授失踪了。

院长觉得这个博士来历不明,因此就去查证,结果证实确有此人,而且这个博士有很好的经历,最近才退休到海外旅行去了。

在教授的书房里,发现一本博士签名后送给教授的书,两人好像的确是朋友关系。但仔细去看,这位博士的签名竟是此书出版发行的前一年。

教授究竟怎么了?

案例 65—73 答案

案例 65　两者都不是
真正的影像如下图。

案例 66　因为雨水应含有放射性物质

案发当天的晚上所下的雨,由于受四天前氢弹试验的影响,应当含有微量的放射性物质。但检查结果,尸体上的水内并不含有放射性物质,所以法医断定是凶手故意浇在上面迷惑人的。

案例 67　从后面看,左边的是嫌疑犯

便衣警察在抓到逃犯时一般总是用手铐把逃犯的右手和自己的左手铐在一起。这是因为在押送的过程中如逃犯有任何不轨行为时,警察可以使用右手拔枪加以制止。

案例 68　第三发

射中女"老板"的子弹是第三发。

因为后发的子弹弹痕会受到先发射的子弹弹痕的阻挡,所以查看两条裂痕的交接处,便可以知道凶手射击的子弹的先后顺序是 D—A—B—C。

案例 69　罐装啤酒没有泡沫

警长看到照片上的人正在打开罐装啤酒,但罐子口上没有泡沫,于是便断定照片是伪造的。

因为在 3500 米的山顶上气压较低,啤酒罐一打开,泡沫就会冒出来,况且,啤酒罐是放在背包里带上山的,一路上经过摇晃,打开时更容易冒出泡沫来。

案例 70　遗产就是那两张邮票

信封上的两张古老邮票是价值昂贵的珍品,价值 10 万美元。

喜欢阅读推理小说的伯父把所有财产脱手后,买上两张昂贵的邮票送给侄女。

案例 71 脚底的伤痕有疑问

死者脚底的伤痕是从脚趾到脚跟的,而若他真的是从树上摔下来摔死的,那么脚底的伤痕应该是横的。

不信的话,你可以自己试一试。因为爬树时必定要用双脚夹住树干,若是弄伤的话,伤痕也只能是横的。

案例 72 照片是反过来洗的

照片中,那个人西装上衣的口袋与纽扣洞都在右边,显示罪犯故意把底片的药膜面反过来洗。所以,大时钟显示的是 3 点,其实却是上午 9 点。

男性服装胸前的口袋与纽扣洞都应该是在左边的。

案例 73 教授一人扮演了两个角色

教授盗领了 10 万英镑,所以自编自演地搞了一出失踪事件。

这个博士实际上确有其人,只不过教授确定他正在海外旅行,不在国内,因此化了妆冒充他。他故意买一本书签上博士的名送给自己,让人以为他们是朋友,却并未注意到这本书是再版的,所以就把日期签成了出版前一年。

假博士在出国前被逮捕。拿掉他的胡子和眼镜后,他就现出原形了。

七 解读力测试

案例74 犯罪时间之谜

某天下午,素有"智慧之父"之称的道森教授在外出途中突然发现某幢别墅发生了火灾。他迅速冲进浓烟滚滚的别墅,意外地发现里面有一具女尸。道森教授一眼就看出这个女人不是被烧死的,而是被人打死的,因为她的头部有一个很大的窟窿,而且凶器就在女尸旁边,是一根高尔夫球棒。当时火势正在加大,屋里相当凌乱,墙上的一只大挂钟摔落在地面上已经不走了。很可能,这是凶手行凶时碰落在地上的。

所以,挂钟所指示的时间很可能就是行凶时间。由于火势太大,道森教授不可能把女尸弄出屋外,而单独把挂钟拿走又毫无意义,所以他迅速地用随身带着的照相机拍下了现场的情况,随后便离开火场。等消防车赶来,别墅已被大火烧成了灰烬。

道森教授将他在别墅里拍下的照片冲印出来之后马上交给警方,并提醒警方,别墅起火之前很可能发生过谋杀案。

但是,由于当时很匆忙,那只可作为重要破案线索的挂钟只拍到了一部分,到底挂钟指示着几点钟好像根本无法确定。警察局长感到很失望,他拿着照片说:

"要是照片上的挂钟再完整一点,那么行凶时间就能确定了,可是现在……"

"不,局长先生,只要你动动脑筋,根据这张照片你是能够推断出准确时间的。"道森教授说。随后,他便说出了挂钟所指示的准确时间。

下面就是道森教授所拍的照片,右下角是挂钟的一部分,长针和短针正好相差两格刻度。你能说出这到底是几点几分吗?

案例 75　财宝藏在何处

　　王府世家历代传承有一张文献,记载祖先们为了家族遭遇危机时所准备的宝藏埋藏地点。可是不知从何时起,解读方法失传,现已无人能解。其内容如图。

　　你能尝试解决吗?

案例 76 奇怪的字母

罗莎在寝室的窗户旁被害。她可能是在化妆时遭到了袭击,化妆台上相当凌乱。她逃到窗户边上,被追上来的歹徒勒死了。

窗帘拉着,下面掉了一支口红。撩开窗帘,人们发现玻璃上有口红写的两个字母 NW。

警长立刻去找罗莎的前夫摩里西·尼克。摩里西·尼克说:"我名字的缩写是 MN 而不是 NW 呀。"

但警长还是把他作为杀人嫌疑犯逮捕了。这是为什么呢?

案例 74—76 答案

案例 74　长短针相差两格刻度只能是 4 点 24 分或者 7 点 36 分

道森教授说:"时钟的长短针相差两格刻度只能是 4 点 24 分或者 7 点 36 分,如果你不信,可以用你的表试一下。我看到别墅起火的时候是那天傍晚时分,所以我可以推断,凶手行凶的时间是当天下午的 7 点 36 分。"

案例 75　楼梯下往南 26 步、往西 7 步、往东 12 步的下面

这是很简单的密码。S 表示 SOUTH(南),W 表示 WEST(西),E 表示 EAST(东)。箭头表示上下。数字旁的脚印便是"步"的意思。

案例 76　NW 倒着写即 MN

当罗莎被逼到落地窗跟前时,正好背对着窗户。她把右手移到背后,用口红写下了凶手名字的缩写。把手移到背后写字,字体的上下左右正好相反。所以,落地窗上的 NW,正确的说法应该是 MN,正是罗莎前夫摩里西·尼克的名字缩写。

八

判断力测试

案例 77 细心的女侦探

这是一个气温超过摄氏 34 度的炎热夏天。

在车站的月台上,由于有一列火车刚到达显得一片混乱。

女侦探麦琪站在人群中,忽然听到背后有人叫她:

"麦琪小姐,你要去旅行吗?"

原来叫她的人是和她正在侦查的一件案子有关的嫌疑犯梅丽莎。

"不,我是来接人的。"麦琪回答。

"真巧,我也是来接人的。"梅丽莎说。

说着,她还从手提包里掏出一块巧克力,一折两半,把其中一半递给麦琪:

"还没吃午饭吧? 来,吃点巧克力。"

麦琪喜欢吃巧克力,当然不客气地接了过来放到嘴里。巧克力硬邦邦的。这时,麦琪突然想到了什么,厉声对梅丽莎说:

"你为什么要撒谎? 你分明是刚刚从火车站出来,为什么要骗我说你也是来接人的?"

梅丽莎被她这么一问,脸色也变了。但她仍想赖,反问说:

"你怎么知道我刚下火车? 你看见的?"

"不,我没看见,但我知道你在撒谎!"麦琪神色坚定地说。

为什么麦琪能断定梅丽莎在撒谎?

案例78 夕阳告诉我

在一月份的一个寒冷雪夜里,库因受朋友之托到纽约长岛的老家去调查有关宝藏传说的真相,而朋友的子孙们也跟着他一起去。

那地方有两栋建筑物遥遥对峙着。一所叫黑屋,一所叫白屋。他们住在白屋。据说祖先的珍宝藏在黑屋里,他们决定明天去搜查。吃饭时,子孙中有两人吵了起来,不小心打碎了一瓶珍藏了150年的白兰地。库因喝了酒感到特别困,很快睡着了。

醒来已是第二天早上。他听到室外一片喧闹。出去一看,吓了一跳。

一夜之间,黑屋消失得无影无踪。回头一看,白屋依旧,周围景色也没变。回到屋内,昨夜吵架时打碎的酒瓶还在。

库因被搞迷糊了,就回房间仔细寻思。这时晨曦初透,照得室内一片光亮。库因又吓了一跳。因为昨天傍晚,他正是在这儿看到夕阳的。

如果是你的话,这个谜怎么解?

案例 79　偶然的一致

他是这个城市的银行经理,对任何事情都非常讲求条理,尤其注意时间。他身上总带着一只手表和一只怀表,常常在对时间,是个固执的老人。

那天,有人到他家和他谈话,家里只有他和侄子两人。夜深了,老人到二楼寝室去睡觉。在客人行将告辞时,他把侄子叫上二楼。据他的侄子说,是伯父忘了打开窗子,让他把窗子上下各打开一英寸,差半寸也不行。

然后,客人和他的侄子一起离开了。喝了一会儿酒,侄子向客人借了一把猎枪,两人一同回到银行经理家。但门却锁着,进不去。他的侄子很生气,用手中的枪朝空中打了一枪,大叫说:"伯父,你就在楼梯上摔死算了!"

当晚,他就住到了客人家。

第二天发现,伯父果然摔死在楼梯下。楼梯上的地毯有不平的痕迹,显然是因此而掉下来摔死的。

尸体的右手拿着怀表,那表快了一小时;手表摔坏了,指着 12 点,正是他侄子叫喊的时候。

难道诅咒竟能成为现实吗?

案例 80 小心谨慎的继母

有一对非亲生的母女,形同仇敌。女儿巴望继母早日死去,好继承遗产,而继母偏十分健康。于是,她便想到了下毒。继母也料到了这一层,防范十分严密。她将二楼寝室加以改装,窗外加了铁栏杆,门锁也换新了。一日三餐亲自到市场购买罐头,自己下厨,厨房就设在自己的房间内,餐具不准任何人接触,饮用水也买罐装的矿泉水。每周定期接受主治医师的检查,只测量体温和脉搏,绝不吃药打针。

但半年后继母还是被毒死了。究竟是谁以什么方法把小心谨慎的继母毒死了呢?

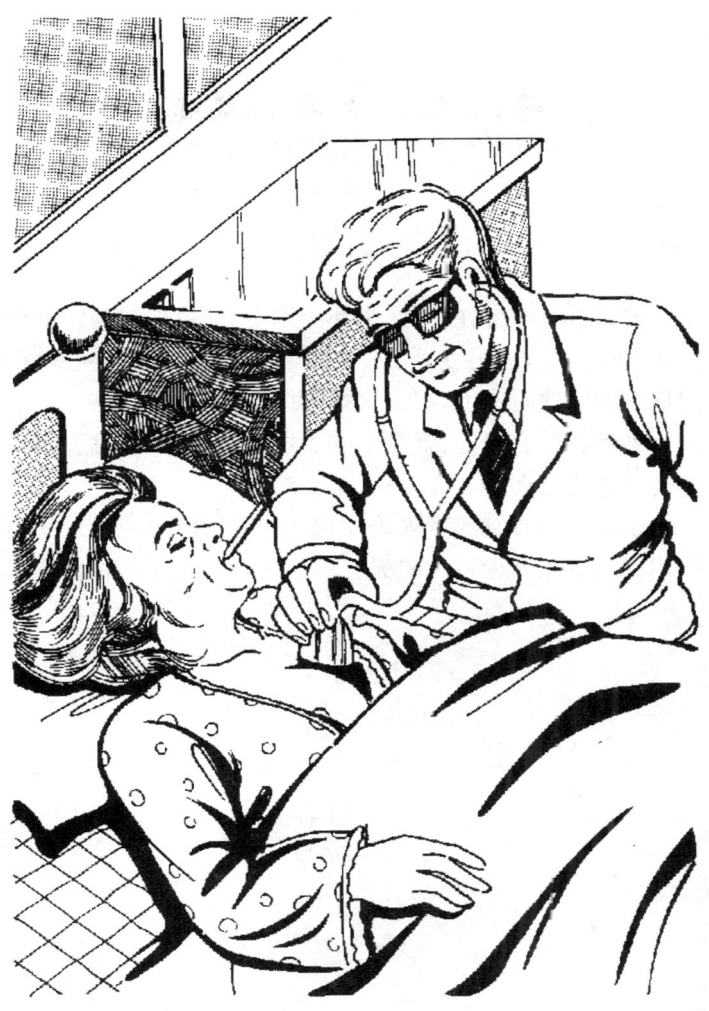

案例 81 奇异的谋杀

被害者被捆绑在床上,头部受枪击而死,手枪却固定在床头的框架上,扳机处系有一根绳子。绳子的另一端经过门框系在一块石头上,石头离地面约 5 厘米。

虽然经警方追捕,捉到了凶手,但凶手是在开枪行凶之前就已经逃离现场了。

现场并没有狗或者猫等动物,门窗都锁着,凶手究竟是使用什么方法开枪行凶的呢?

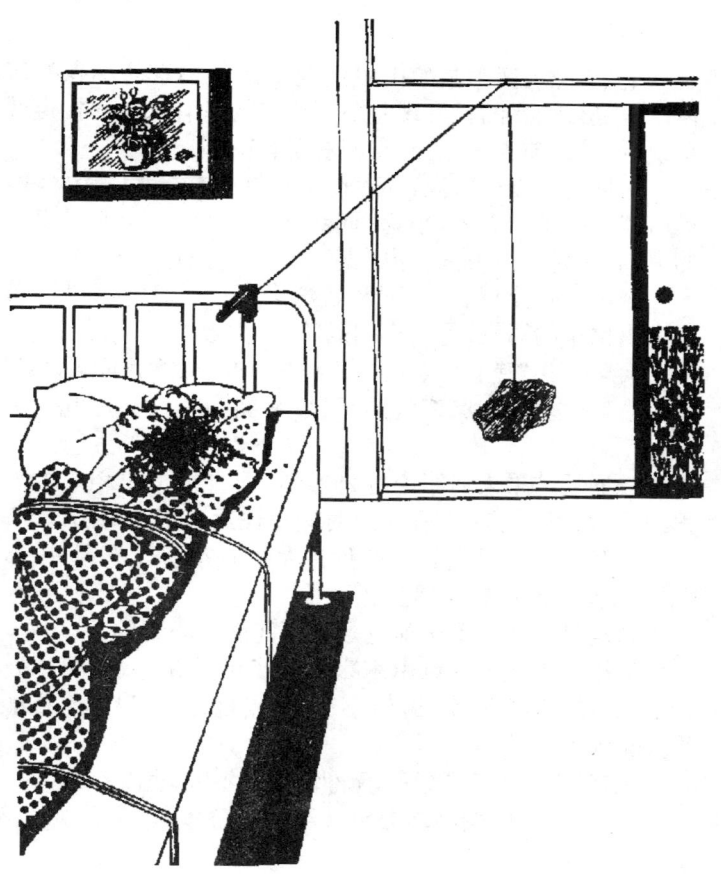

案例 82　搭乘火车的尸体

上午 8 点,冈山县的山中发现了住在东京的小森的尸体。他是被勒死的。发现时距死亡时间已有 10 小时,也就是说,他是在前天晚上 10 点左右遇害的。

根据小森妻子所说,小森在晚 6 点左右接了一个电话,然后就出去了。看来,小森可能是被人叫到外面加以谋害的,随后又将尸体丢到了离东京 750 公里的冈山县中。

经过调查分析后,剩下两名嫌疑者:一个叫大河原,是东京出租车的司机;另一个叫远藤,是大阪的卡车司机。

大河原说:"晚上 6 点半左右,我在附近一家餐厅吃饭,然后出去办事。凌晨 2 点感到肚子饿,又到同一家餐厅吃了一碗面。"

查证的结果大河原说的是实话,而且根据出租车的里程纪录,大河原不可能在这点时间里往返东京和冈山。

远藤说:"昨天晚上 6 点我在大阪一家餐厅吃饭,凌晨 1 点半,又到这家餐厅喝酒。"

这也是事实。看来他也是不可能谋害小森的。

如果搭乘晚上 8 点由东京站开出的特快车,倒可以在 12 点以前到达大阪车站,但小森 10 点就死了,尸体怎么能乘火车呢?

东京到冈山有 750 公里,无论多快的出租车也需要 9 小时。

东京、大阪间的高速公路大约 560 公里,车子行驶需 6 至 7 个小时。

如果大阪再到冈山,就只有一般公路,大约 150 公里,约需 3 小时。

凶手该是谁呢?

案例 83 古屋幽灵

据说,在美国东部有一所在南北战争时代留下的古屋曾出现幽灵。

买下这所古屋的主人想重新将屋子整修一下,于是便雇来了工人。工人们刚刚走进前厅,突然一个全身冒着火焰、身高两米以上的幽灵出现了。幽灵手持匕首,似乎要想扑过来。工人们吓得拔腿就跑。

事情传出去以后,有些曾经进入过这所屋子的人提供了一些线索。他们说:这所屋子已建造了几十年,当时的主人据说在屋子里藏了大量的珠宝。后来主人死了,珠宝究竟藏在哪里,没有一个人知道。曾进去过的人只知道,这所屋子的墙上装着许多大镜子。

有个记者对此感兴趣,曾打着手电筒进入屋子。但他始终未见到幽灵。有一次,他什么也不带,在漆黑一片的客厅里等待。不一会儿,只听见凄厉的叫声传来,接着身上冒着蓝白色火焰的幽灵便出现了。这个记者胆子特别大,竟向幽灵冲过去。但是幽灵却消失了。黑暗中,记者的头被什么东西打了一下,又好像听见什么东西移动的声音。

记者感到很奇怪,觉得其中可能有诈,于是便请来了善于破案的道森教授。

道森教授像记者一样在漆黑的客厅里等待幽灵出现。果然,像以前一样的幽灵手持匕首在火光中出现了。道森教授盯着幽灵细看,看到好像是一个穿着宽大衣服的高个子男人。再仔细看,道森教授突然明白了。他猛地抓起身边的一把椅子朝前砸去。

"乓啷啷……"只听见一阵玻璃破碎的声音,幽灵随即不见了。

道森教授从屋里出来,马上与警方联系。警察包围了古屋……不久,事情便真相大白了。

你能想象得出这幽灵究竟是怎么回事吗?

案例 77—83 答案

案例 77　因为巧克力太硬了
　　麦琪一吃梅丽莎给她的巧克力,觉得很硬,马上想到梅丽莎是在撒谎:她不可能是来接人的,而是刚刚从火车上下来。因为当时气温高达 34 度,而巧克力在 28 度以上就会变软。梅丽莎的巧克力是硬邦邦的,这说明她刚从有空调的地方出来。而这个小火车站上并没有空调房间,有空调的只能是刚刚到达的火车车厢。

案例 78　此白屋非彼白屋
　　在一百年前,这位朋友的祖父生了一对孪生子,在孩子长大后,父亲就在不同的地方给两兄弟各盖了一栋外景及室内装潢一模一样的房子。
　　案犯利用了这两栋房子。他在库因的酒里加了安眠药,使他熟睡,转移到另一所房子中去,还特意加上那个吵架打破的酒瓶。目的是造成黑屋消失的假象,阻碍他去调查珍宝。

案例 79　罪犯就是他的侄子
　　表从高处摔下来不是停,就是变慢,不可能变快。这是他侄子上楼开窗时故意拨快的。他利用对方凡事都讲求一定原则的毛病,有意朝天放枪并大声诅咒,他知道伯父只要被吵醒必定要下楼来对表,他又事先在地毯上弄了褶皱,让他绊倒,从楼梯上摔下来跌死。

案例80　是那个主治医师

他受到女儿的诱惑而成为其帮凶,让其继母服下毒药。

尽管继母不吃药打针,却总要量体温。体温计的前端沾有无色无臭的毒物。把体温计放进口内,含量虽然少,但长期下来,终于积累成了可以致死的量。

案例81　利用干冰

凶手将被害者捆绑在床上之后,就在门框下放一块干冰,把系着绳子的石头放在干冰上。干冰经汽化,体积越来越小,石头就慢慢下降,绳子越拉越紧,最后扣动扳机,而当被害者的尸体被发现时,干冰早已全部汽化而消失不见了。

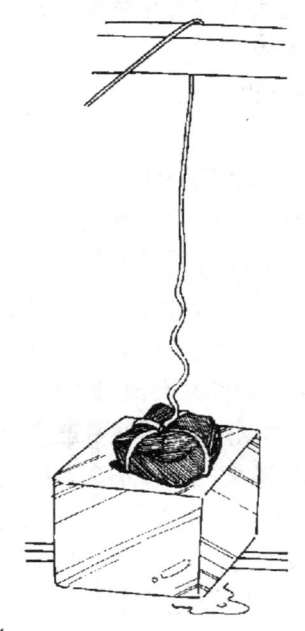

案例 82　大河原和远藤同谋

案发顺序是：

晚上 6 点,大河原打电话叫小森出来,然后绑住他的手脚,用手帕堵住他的嘴。

晚上 6 点半,大河原到餐厅去制造不在场证明。同一时间,远藤从大阪出发。大河原吃完饭也载着小森从高速公路南下。

晚上 10 点前,两辆车子在中途的滨松休息站见面,一起杀死小森。尸体由远藤用卡车载往大阪。大河原返回东京。

凌晨 1 点半,远藤在大阪制造不在场证明。

凌晨 2 点,大河原到餐厅吃面。远藤开车到冈山丢弃尸体,然后返回大阪。

这就是全部计谋。

案例 83　当然没有真的幽灵,而是一项阴谋

原来,由于传说这所古屋里藏有大量珠宝,有人正在悄悄地寻找。而正在这时,这所古屋被出售,工人们要进去整修。为了使寻宝不受工人们的干扰,躲在里面的寻宝者便假扮幽灵吓人,以此使别人不敢贸然进去。

他先穿上又宽又长的大袍,脸用毛巾包起来,然后全身涂上磷。因为磷的燃点很低,在一般室温中也会燃烧,发出蓝白色的火光,但磷火的温度不高,并不会烧伤人。

就这样他穿着长袍站在椅子上,又宽又长的长袍将椅子遮住,粗看起来像个巨人,为了使自己的形象更为恐怖,同时又为了防止别人可能会朝他开枪,他便利用客厅里的

镜子。也就是说,他并没有在客厅里,而是站在客厅楼梯转弯处的平台上。由于正对着大镜子,他的形象便从镜子里反射出来。

所以,当道森教授抓起椅子砸碎镜子后,幽灵便不见了,而道森教授也已明白,这是有人在装神弄鬼。

九

推理力测试

案例 84　谁枪杀了侦探

派克和艾德终于找到了抢劫银行的歹徒藏匿的地方。两人同时潜入歹徒所躲藏的 302 室。

突然，大门自动开启，跑出四名男子对派克和艾德开枪。派克被四发子弹击中，不幸死了。歹徒却逃走了。

经过调查，知道这四个歹徒的名字是曼逊、丹、里克和卡尔。而从派克身上取出的子弹经检查都是从一把手枪中射出的，所以凶手是四人中的一个。

他们还调查到：

① 四人中，有一人以前担任过法语老师，他就是这群歹徒的首脑。

② 里克一直在巴结首脑，但首脑却不大信任他。

③ 丹、卡尔以及首脑的妻子，三人是手足关系。

④ 射杀派克的凶手和首脑是要好朋友，他俩曾在同一牢狱中服役。

⑤ 抢劫银行时，卡尔和枪杀派克的凶手比其他人出力更多，所以两人比别人多拿了 2 万美元。

根据这些线索，你知道是谁射杀了派克？

案例85 赎金不翼而飞

某银行董事长的孩子被绑架,歹徒索要20万元的赎金。

歹徒打电话给受害者的家属说:

"把钱放在手提箱里,在今晚9点放到火车站32号寄物箱内。寄物箱的钥匙在公用电话亭的架子下面,用胶布粘着。把手提箱放入寄物箱之后,把钥匙放回原处。"

因为儿子性命攸关,董事长答应了歹徒的要求,但他还是叫人秘密地报告了警察。

董事长把20万元装进手提箱,在9点钟赶到火车站。

在寄物箱附近,已有警察在秘密监视。

董事长找到钥匙,把手提箱放入32号寄物箱,锁上箱子,将钥匙放回原处后,便驱车离开了。

电话亭附近也有警察监视。可是一直到天亮,歹徒始终没有露面。

第二天中午,董事长却接到歹徒的电话说:

"20万元已经收到,你的儿子今天就能回家。"

警察得知后赶紧打开32号寄物箱。寄物箱内的手提箱仍在,但20万元钱已经不翼而飞了。

歹徒究竟是怎样把钱取走的?

请按图认真加以推理。

案例 86 机密在谁手上

美国太空总署的一位官员,搭上在荷兰、美国之间航行的客船,准备在船上对前来参观太阳神火箭发射的旅客讲演,但由于内容涉及到机密而不得不取消。

该官员和六名乘客共进晚餐,在席上谈论此事。说原稿已经准备好,放在船舱中,却不能公开,实在遗憾。等官员吃完晚饭回房时,发现舱房的门锁被打开,桌上的原稿一片混乱,机密文件给人偷拍了。

嫌疑犯是餐桌上的六个人,因为除了他们,别人不知道此事。

晚餐中乱过那么一阵。有一对夫妻,女的手被人撞了一下把热咖啡弄翻了,站在后面不会说英语的印尼茶房匆匆把夫人的衣服擦干后就离开了。但她却烫着手了,于是船医离开去拿药。夫人则回房换衣服。一个年轻的小姐吃到一半时去过化妆室,另一对夫妻也先走了一步,这官员是最后一个离开餐桌的。

但是,在彻底调查那六个人后,却发现里面没有一个人有嫌疑。

那么,是谁偷走了机密?

案例 87　被谋杀的女教师

星期五的中午,高中女教师蒂妮小姐在家中被杀。死者身穿睡衣,倒在化妆台前,胸部有明显的伤痕。

据法医推断,死亡时间是昨晚 9 点左右。

经过调查,当时有两个人来拜访她。一个是她的男友,另一个则是某学生的哥哥,他是个流氓。

两人都说按门铃之后没有人来开门,就回家了。

警探看到蒂妮小姐门上有一块可以看到门外情景的可视玻璃,立即明白了谁是凶手。

你明白吗?

案例88 青铜魔人之塔

有一段时间,东京市区出现了一个青铜魔人,利用黑夜到处横行犯案。这个青铜魔人好像是一具机器人,行动时会发出齿轮的声音。他在深夜出现在繁华的地方,用他的铁腕打破珠宝店的橱窗,偷走珠宝。

有天晚上,青铜魔人被警察追赶,逃到了根据地——一座高塔。警察包围了这座塔,他们看见他在爬楼梯,一会儿,他又隐入黑暗中。警察用探照灯寻找,才发现他在楼梯上爬着走。到达塔顶的房门口,这青铜魔人就像被吸进去一样。

警察赶到塔顶,发现里面空无一人,窗户也是从内侧上锁,并已经生锈,没有打开过的迹象。尽管没有任何可以逃离的道路,但青铜魔人就是不见了。

在房间一个角落的上方,有一个约15厘米见方的烟囱洞的遗迹,而看地上的灰尘,有被什么东西拖过的痕迹。这是现场的唯一线索。

青铜魔人是怎样逃走的呢?

案例 89 奇异的足迹

　　某个夜晚，刚下过雨，在巴黎郊外的某公园广场中央，有一个年轻人倒毙在地上。死因是胸部受到两次近距离枪击而且是当场死亡。手枪即掉落在尸体的旁边。

　　刚下过雨的地面上，留有两行足迹，一个显然是被害者留下的，另一行则是高跟鞋留下的足迹。根据高跟鞋印可以推断，凶手可能是一个身材不高的女人。

　　但令人百思不解的是，凶手只留下来时的脚印，至于离开时的脚印则完全没有，甚至踏着死者脚印逃离现场或者边走边擦去脚印的痕迹也没有。

　　难道凶手是乘直升飞机离开现场的？这不可能，因为这里从来就没有见过直升飞机的踪影。

　　那么，这个女凶手到底是用什么方法不留痕迹地离开作案现场的呢？

　　年轻的侦探达尔鲁比查看现场之后，便作了两种推测，令侦破人员大为惊讶和佩服。

　　现在，你不妨看着图先推测一下，凶手究竟是怎样离开现场的？

案例90 龙渊之谜

在纽约郊外有一座古老的住宅,宅院的角落有一处名叫龙渊的天然游泳池。在一个夏夜,房子的主人举办了宴会,其中有位客人喝醉之后,脱光衣服,不听劝阻,直往跳水台走去并往下一跳,而人却好长时间没有浮上来。这位客人和房子的主人曾有金钱纠纷,至今尚未解决。

据说这一带,以前是印第安传说中龙所居住的地方。这房子的女主人说,她常常看到游泳池里有龙出现。

人们把游泳池水抽干,在池底的泥土中,发现类似龙爪的痕迹。但尸体却是在附近洞穴的底部发现的。头部有钝器撞击的现象,脖子上有勒痕,身上有像龙抓过的痕迹。

一切似乎都表明这人是死于龙爪。但进一步的调查却显示出,这家的主人有潜水的嗜好,在他家祖先的墓园中还找到了沾着泥巴的潜水装置。

不过,警察们在翻天覆地检查时,这家的主人还宿醉未醒,尚未起床呢。

这个谜该怎样解呢?

案例91 "无影女"之谜

有一个珠宝商人,带着价值1亿日元的钻石去找钱庄老板。老板说,有一个女人会从银行带三千万元来,请他把钻石放在客厅里,到休息室里等着。珠宝商怕钻石被人拿走,就开着房门,看住客厅。

不久,有一个女人来了。他们让珠宝商到客厅里向她说明珠宝的由来,给她看鉴定书。之后,还请他去休息室等。老板和那女人在客厅里关上门商谈。

许久,不见他们出来。这时,秘书来送茶,敲客厅的门,却没有反应。珠宝商和秘书一起撞开门,发现主人躺在地上,女人和钻石都不见了。

秘书跑过去抱起主人,珠宝商则急着找他那价值亿元的钻石。只听得秘书叫道:"死了!他死了!"

老板确实死了,死因是尼古丁中毒。手臂上有针刺的痕迹。他的身下还有一条浸过麻药的毛巾。

客厅不大,没有可以藏身的地方。天花板和地板都不可能通到外面。门窗都从里面锁着,珠宝商还看守在门外。那"无影女"是如何消失的呢?

案例 92　教授之死

一天清晨,某教授被发现伏在书桌上死了。

死因是心脏麻痹,房间里的日光灯还亮着。

"可能是昨晚撰写论文过度疲劳导致心脏病突发而死。"法医这样判断。

但刑事科警长却说:

"就算是心脏麻痹而死,也不可能是在撰写论文的时候死的。我认为教授不是死在书桌前的,而是被人移到这儿以造成写论文时猝死的假象。"

警长的证据是什么?

案例93　蓝色列车之谜

赤井是个记者,从东京车站搭上蓝色列车的夜快车。走进卧铺后,他认识了邻室的美女,并为她照相,两人很亲密。隔壁,另一间卧铺里的年轻人一直看着他们。

赤井在餐车用餐时,隔壁的年轻人自称律师,过来和他搭讪,还从口袋中拿出一瓶威士忌送给赤井。赤井回到卧铺,打开威士忌喝,一下子就睡着了。

半夜,赤井醒过来,听到隔壁传来怪异的声音,就硬撑着过去查看。他看见那位美女穿着染血的睡衣倒在地上,已经死了。他正想去报警,却被人击中后脑,又晕了过去。

不知过了多久,他醒来了。列车仍在黑暗中行驶,他则躺在自己的卧铺内。他马上跳起来,去报告车长。

车长和赤井一起来到邻室,一敲门,开门的却是一位中年妇女,是从东京上车的,中途查过票,室内整齐,并无血迹。再检查隔壁,年轻的律师也不见了,只有一个从东京来的乡下老人,两人并没有替换的迹象。

赤井的相机也没了,除了头上的伤,没有任何证据可以证明他所说的话。

火车到了终点,车站的钟指着凌晨3点。赤井又吃一惊,根据时刻表,火车该在凌晨1点半到站的,中途并未发生事故,怎么误点了呢?

这一切到底是怎么回事啊?

案例94 死亡预告

有位夫人患了心脏病,特别怕死。她的特别护士替她带来了一封算命先生的信,上面写着:"在满月的夜晚要小心,蓝色的樱草出现时要警戒,蓝色的立葵花出现表示危险,蓝色的玫瑰出现,就是死亡的象征……"

一天早上,夫人看到壁纸上的一枝樱草变成了蓝色,而夜晚正是月圆的日子;而第二个满月的夜晚,她又发现壁纸上红色的立葵花变成了蓝色。夫人感到非常害怕。

决定命运的时刻来到了。这一天早上,夫人房间里毫无动静。护士叫她丈夫把门撞开,发现夫人离开床倒毙在地板上,已经死了几小时。她枕边的壁纸上,原本是深红色的玫瑰花,现在已变成很蓝很蓝。

夫人死于心脏麻痹,据推测是看到蓝色的玫瑰后心脏受刺激而死。从前夜开始,就没有人进过她的房间,也没人看到蓝色的玫瑰。

真相是什么呢?

案例 95　亚瑟王椅子之谜

夏天,英国某海岸。沙滩中央有块微微凸起的天然岩石,形状像一把低靠背、有扶手的椅子,人们称它"亚瑟王之椅"。一位老人在散步时发现椅下仰卧着一个女子,她身着泳装,已窒息而死。

这女子是和两个男子同来避暑的,当时,他们两个都在别墅里,一个在读书,一个在后面练习射击。他们看不见彼此,但可以听到放枪的声音。

岩石在沙滩中央,四周没有别人的足迹,也没有用绳索攀爬的痕迹。从别墅到岩石有5米远,尽管练习射击的那个男子在马戏团经常表演,但也不可能跃过5米远,而且岩石高度达3米。

是谁,用什么方法杀了那女子呢?

案例96 献给死者的月见草

一个夏日,某女侦探去郊游。

她在河边的草丛里偶然发现一具尸体。尸体旁边有一只空果汁瓶。

女侦探马上报告了警方。警察赶来,发现死者身边的果汁瓶里有毒。搬动尸体时,女侦探发现尸体下面正好压着一棵月见草,而且也盛开着一朵黄色的小花。

警方验尸后说:"死亡时间大约在24小时前,很可能是昨天下午在这里服毒自杀的。".

但是女侦探却认为:"即使是自杀,这里也不是第一现场。"也就是说,尸体是由别人安放在这里的。

为什么?

案例 97　密室毒杀圈套

某天上午,一位住在犹太教区的年轻寡妇被发现死在自己房间的床上,身上穿着睡衣。

据推断,她的死亡时间约在昨晚 9 点左右,死因是氰酸钾中毒。现场没有装毒药的容器。

她没有留下遗书,不过,整个房间呈密闭状态,很像自杀。但犹太教是禁止自杀的。

调查结果,前一天晚上,她的小叔,也就是先夫的弟弟,曾来拜访过她。大约 7 点左右来访,9 点离开,是由死者送他到大门口的。也就是说,被害者当时还好好的。

她是怎么死的呢?

案例98 应召女郎之死

在纽约的一家廉价旅馆里,一个应召女郎被人杀害了。她是被人用铜制的烛台打昏在床上,再用枕头蒙住脸,窒息而死。

嫌疑犯有四个人:一是某中年银行家,有人看见他和应召女郎一起进旅馆;二是旅馆的一个年轻杂役,他曾到应召女郎的房中修电视;三是一个和应召女郎感情不错的花花公子,他也是第一个发现尸体的人;四是旅馆里一个开电梯的小姐,她和杂役要好,与应召女郎不睦。

经过仔细检查,人们发现:一,女郎被害时,没有涂口红;二,发现尸体时,电视正在播古典音乐节目。根据这些情况,你能推断凶手是谁吗?

案例 99 保龄球谋杀案

一家保龄球馆内,正在进行比赛。第五局时,运动员珍妮突然表现失常,她一直看着她的手指,似乎很痛的样子,失误连连。不久,她便倒地死了。

经检查,死者右手指有一被针刺伤的痕迹,尼古丁浓缩液由此进入,使她中毒死亡。应该说是有人在保龄球的小洞中安装了毒针,但检查下来,珍妮的专用保龄球丝毫没有安装毒针的痕迹。

这是怎么回事呢?

案例 100　被识破的诡计

约翰·阿布比爵士及夫人在开车旅行的途中遇到大雪，于是便投宿在一座古堡里。

从他们夫妻所住的房间看下去，可看见中庭的积雪。另一边有个喷水池，池旁有一座高塔，塔上有一个箭靶，是现任城堡主人的弟弟练箭用的。他还是个有名的登山家。

第二天早上，在积满新雪的喷水池旁发现了城堡主人的尸体，胸部有很深的伤口，是被利器刺伤的，但现场附近却没有找到凶器。积雪上，只有城堡主人自己的脚印。水池旁，隐约有一些用线拖拉的痕迹。

阿布比夫妇回忆，晚上曾听到一阵风吹过的声音。再看中庭，就可看到塔楼正在修理，搭了脚手架。塔楼的窗户映着早晨的阳光闪闪发亮。

阿布比爵士恍然大悟，说："我知道凶手是谁和他怎么作案的了。"

案例 84—100 答案

案例 84 射杀派克的凶手是丹

根据资料②③可以知道首脑是曼逊;根据资料④可以知道曼逊不是凶手;根据资料②⑤可以知道里克不是凶手;同样根据资料⑤还可以知道卡尔也不是凶手,那么,凶手就必定是丹。

案例 85 只要注意寄物箱的构造便能得知其中奥妙

如果注意到寄物箱是背对背的,很快就能找到赎金不翼而飞的答案。

歹徒从 32 号寄物箱背后的箱子里,将中间的隔板取下,然后把手提箱拉过去,取出钞票后再把手提箱推回原处,然后再放好隔板,一切恢复原状。

原来,歹徒就是寄物处的管理员。

案例 86 偷走机密的是印尼茶房

既然调查结果证实六个人都没有嫌疑,那么作案的人必定不在这六个人之中,而官员只在餐桌上提起过此事,因此案犯一定是在餐厅中。那个人就是印尼茶房。

那印尼茶房伪装成不懂英语的样子,其实像这样的客船,雇员都要经过英语考试。他是故意弄翻咖啡,当他们乱哄哄时,他就离开了餐厅。

案例 87　她死于爱情纠纷

因为门上有块可视玻璃,所以门铃一响,蒂妮小姐马上可以知道来访的是谁。如果来访的是学生的哥哥,她应该会换一套衣服或穿上睡袍。只有当来访的是自己的男友时,她才会穿着睡衣让客人进入室内。

案例 88　罪犯利用了替代品

从塔底爬上楼梯的,是有真人在里面的机器人。在探照灯照到塔顶之前,罪犯已躲进塔中的房间,而改用人形的气球来代替。

这个人形气球用丝线缚住,经由塔顶房间的烟囱洞往下牵扯,所以从下面看起来,好像是爬着。到了塔顶,罪犯拉去丝线,把空气放掉,然后再把泄了气的气球从烟囱洞拖出。

罪犯在中途进入塔内的房间,将甲胄脱下藏好,然后用人形气球来代替,以造成青铜魔人在进入房间后踪影全无。

案例 89　凶手是倒退着离开现场的

推理(1)　留在现场的高跟鞋印即是凶手行凶后离开现场时所留下的,由于凶手是倒退着离开的,所以留下的脚印初看起来好像是来时留下的。

那么,为什么没有来时的脚印呢?

身材不高的女凶手可能在行凶前对受害者说:"我脚很痛,请你背我到广场中央去。"这样,当到达广场中央时,她便立即拔枪打死了受害者。

推理(2)　留在现场的高跟鞋印是凶手以倒退行走的

方式留下的,这一点和推理(1)相同。

那么,为什么没有来时的脚印呢?

答案很简单,因为凶手在下雨前便已达广场中央,在那里等着,等到被害者走近她便开枪打死了他。这样,由于凶手是雨前来到现场的,她来时的脚印已被雨水冲掉了。

案例90　罪犯是房子的主人

他假装喝醉酒,借故跑回自己的房间,然后偷偷从窗口爬出。在此之前,他曾极力怂恿被害者跳进龙渊游泳。

他计算了从跳台跳下的大致位置,穿上笨重的老式潜水服,在池中等待。

跳下去的客人在水中撞到主人的氧气筒,昏了过去。主人趁机勒死他,然后用潜水手套上的爪子,故意在他胸前抓几下。水底烂泥上的足迹,即是潜水鞋留下的。

在人散开后,主人把尸体拖上池畔,用车载到洞穴弃尸。

回到家中,他再继续喝酒,直到烂醉如泥。所以第二天警察来找他时,他倒是真的醉倒在床,想以此来证明自己的清白。

案例91　这是一桩黑吃黑的连环案

老板本和"无影女"是同谋,要骗走珠宝商的钻石。他在关上客厅门后就把钻石交给女子,让她从窗户逃走,然后再在里面锁好窗子。为了应付珠宝商,老板自己把沾过麻药的毛巾放在鼻子下面,伪装成被人闻了麻药,昏倒了,才被女人抢走了钻石。

没想到秘书却在主人的计外又设了一计。在他撞开门后,趁着珠宝商在找钻石,用尼古丁针剂刺入老板手臂上,把他毒死了。

案例92　教授戴的不是老花眼镜

教授是戴着眼镜死的,但桌上还有一副眼镜。警长比较了两副眼镜,发现教授戴的是远视用的眼镜,而桌上放着的却是一副读书写字用的老花眼镜。如果是在写论文而心脏病突发,教授应该戴着老花眼镜。

案例93　赤井被转移到下一班车上了

那自称律师的年轻人是杀害美女的凶手。他怕被赤井发现,故意送里面有安眠药的威士忌给他。

半夜,赤井突然醒了,看到了杀人现场,所以他又用钝器把他打昏,并拿走了相机。

他假称赤井喝醉了,装作他的同伴,在中途停站时扶他下车。一个半小时以后,再搭上另一列同方向的蓝色快车,并把他安顿在同车厢同号码的卧铺里,然后离开。

其目的是要使赤井产生错觉。

案例94　是护士设的诡计

她想害死夫人,然后嫁给她的丈夫,所以伪造了算命先生的信,设下了谋杀的诡计。

因为她是护士,身上有石蕊试纸,于是利用了蓝色的试纸遇酸变红、红色的石蕊试纸遇碱变蓝的变化。她在照顾夫人时,找机会把红色试纸剪下,贴在壁纸上。每当夫人不舒服,就拿嗅盐给她闻。嗅盐发出的浓烈的阿摩尼亚味道,使得墙上的试纸变成了蓝色。

她就这样对夫人暗示她的死亡,增加她的恐惧心理,从而加重她的心脏负担,最后吓得心脏麻痹而死。

案例 95　凶犯是练习射击的男子

这两个男人同时爱上了这个女人,其中一个忍受不了女子对他的冷落,故而萌发了杀机。

在马戏团中,他惯用一条黑色长鞭,挥鞭的声音和来复枪射击的声音相同,因此他借口在后面练习射击。

当女子背向别墅坐在"亚瑟王之椅"上时,他就在阳台上挥动鞭子,勒住对方的脖子,使她窒息而死。

案例 96　因为尸体下面的月见草开着花

月见草只在晚上才开花,如果死者真的是在昨天下午在这里自杀,那么压在尸体下的月见草就不应该是盛开的。现在。这棵盛开的月见草就已表明,尸体在昨天晚上被人扔在这里的。放上带毒的果汁瓶,只是为了迷惑人而已。

案例 97　她是被小叔药死的

如果是自杀,房间里应该会有装毒药的杯子之类的东西,因为这种毒药是即效性的,死者不可能服药后再处理掉容器。

她的小叔在要回去之前,拿出一个胶囊,说是营养剂请她服用。由于氰酸钾装在胶囊中,一时不会溶化出来,所以被害者还能把他送到大门口。随后回到自己的房间,关门上锁,无意中使房间成为密室。最后,死者换上睡衣上床就寝,氰酸钾就在此时发作,她当即毙命。

案例98 凶手是服务小姐

应召女郎和银行家一起进房间,这时她不可能没涂口红;杂役进房间修电视,女郎被害时电视已修好,杂役不会在修好电视机后再杀人;花花公子进房间时电视正在播古典音乐,但一般女郎都不喜欢古典音乐,所以被害一定是在看前一个节目时,因此凶手也不是花花公子。只有在女性面前,应召女郎才可能不涂口红,那就是服务小姐。她觉得应召女郎会在杂役进房修电视时对他大送秋波,因此妒火中烧,杂役走后便进房杀死了她。

案例99 保龄球被调包了

珍妮的竞争对手的弟弟是这家保龄球馆自动装置设备的技师,当比赛进行到第五局,珍妮的球一进入自动装置设备时,他立即换上了放有毒针的保龄球。这球是事先准备好的,与珍妮的专用球非常类似,因此她就不小心中了毒。而当成为凶器的保龄球回到自动装置设备时,凶手又将球换了回去。如此一来,凶器回到了凶手手中,证据便消失了。

案例100 凶犯是城堡主人的弟弟

半夜里,他找借口把城堡主人骗到喷水池旁,自己则爬在塔楼的脚手架上等着,等城堡主人走近就放箭射中他的胸部。

阿布比夫妇听到的风声，其实是放箭的声音。

凶手事先把绳子绑到箭上，射死城堡主人后再拉回来。这样，除了地上有点拖拉的痕迹，凶器就无法找到了。

然后，他背上弓箭，从脚手架爬到塔上，从窗子里爬进去，下楼，经过走廊回到房中。因为他是登山家，所以爬起来得心应手。

《人际交往中的肢体语言》
陈今夫著　定价：22元

人的肢体动作是心灵的一面镜子。男性有男性肢体语言，女性有女性肢体语言，看懂了男女肢体语言，将有助于你看懂世上的男男女女；社交有社交肢体语言，情爱有情爱肢体语言，看懂了这些肢体语言，将有助于你看懂人生的是是非非。

《推销法则99》
麦肯编著　定价：18元

本书是本推销入门书，分为：礼仪篇、言语篇、技巧篇、自控篇和管理篇。具体内容有等人有讲究、谨慎递名片、少用"三段论"、刺激须适时、喝酒要斯文、避免口头禅、不必管"假蛋"、避开"第三者"、要不怕爽约、要善于冥想等。

《狗趣》
莫斯编著　定价：28元

狗为何吠叫？狗受惊时为何夹着尾巴？狗有第六感觉吗？如何选购家养狗？狗一日吃几餐？如何计算狗的年龄？如何治疗狗的一般疾病？如何训练狗听懂命令？本书不仅要为你解答这些问题，还要用三百多幅彩色照片向你展示五大洲一百多种名犬。

《英汉对照知识小品》

逸云选编　定价：17元

　　本书英文小品选自国外报刊，英语程度适宜初高中学生阅读。所选内容大多与我们生活相关，上篇为"社会与文化"，下篇为"科学与技术"，知识面广。既能学英语，又能扩大知识面。

《英汉对照生活小品》

逸云选编　定价：19元

　　本书英文小品选自国外报刊，英文程度适宜初高中学生阅读。所选内容包括：处世、学业、工作、养生、休闲、饮食等。

《英汉对照名人故事》

逸云选编　定价：19元

　　本书英文小品选自国外报刊，英语程度适宜初高中学生阅读。所选内容包括科学家、艺术家、政治家、企业家、运动员等领域世界名人。

《新编中外幽默笑话集萃》
陈昱选编　定价：18元

病人：拔掉这颗牙齿要用多少钱？

牙科医生：90美元。

病人：才几分钟就要90美元？

牙科医生：如果你愿意，我可以慢慢来。

《英汉对照中外名言》
刘文荣选编　定价：18元

本书精选的中外名言基本标准为：富有哲理、易懂、不偏激。栏目有：人生活动、道德修养、意识心态、命运境遇、性格才能、社会关系、政法经济、科教文化等。英语程度适宜初高中学生。

《中外经典语录》
陈今夫选编　定价：18元

本书精选的中外经典语录基本标准为：富有哲理、易懂、不偏激，此外，的确体现该名人思想精华。栏目有：时空自然、人生活动、品德品性、思想感情、命运遭际、性格禀赋、人际关系、生质事理等。